내향 직장인의
성공 비밀

내향 직장인의 성공 비밀
덜 말하고 더 이기는 현실 솔루션

초 판 1쇄 2025년 12월 11일

지은이 김범승(Tim Kim)
펴낸이 류종렬

펴낸곳 미다스북스
본부장 임종익
편집장 이다경, 김가영
디자인 윤가희, 임인영
책임진행 이예나, 김요섭, 안채원, 김은진, 국소리

등록 2001년 3월 21일 제2001-000040호
주소 서울시 마포구 양화로 133 서교타워 711호
전화 02) 322-7802~3
팩스 02) 6007-1845
블로그 http://blog.naver.com/midasbooks
전자주소 midasbooks@hanmail.net
페이스북 https://www.facebook.com/midasbooks425
인스타그램 https://www.instagram.com/midasbooks

ⓒ 김범승(Tim Kim), 미다스북스 2025, *Printed in Korea*.

ISBN 979-11-7355-615-9 03190

값 18,500원

※ 파본은 구입하신 서점에서 교환해드립니다.
※ 이 책에 실린 모든 콘텐츠는 미다스북스가 저작권자와의 계약에 따라 발행한 것이므로 인용하시거나 참고하실 경우 반드시 본사의 허락을 받으셔야 합니다.

미다스북스는 다음세대에게 필요한 지혜와 교양을 생각합니다.

SOFT EDGE, GREAT WINS

내향 직장인의
성공 비밀

김범승(Tim Kim) 지음

덜 말하고 더 이기는 현실 솔루션

미다스북스

추천의 글

"팀 킴의 『내향 직장인을 위한 성공 비밀』은 조용한 힘으로 이끄는 모든 이들에게 신선하고 실용적인 길잡이가 된다. 이 책은 내향성을 사려 깊음, 회복력, 경청, 진정성 있는 소통에 기반한 전략적 강점으로 재정의하고 있다.

특히 '활력자본' 개념은 강력하며, 에너지와 자신감, 장기적인 커리어 성공을 지속할 수 있는 실질적이고 실행 가능한 도구를 제시한다. 영향력이란 큰 목소리가 아니라, 시간에 걸친 일관성과 내적 강인함에서 비롯된다고 믿는 리더들에게 꼭 권하고 싶은 책이다."

Brian Mottola / Divisional Vice President / Electrophysiology, Asia-Pacific / Abbott

"20여 년의 사회생활을 통해 겪은 내면의 흔들림과 갈등을 이토록 진솔하게 마주할 수 있을까. 사회가 규정한 인간상의 틀과 스스로의 편견을 넘어, 결국 '나답게 존재하는 법'을 찾아가는 여정 속에서 필자의 진심 어린 응원이 고스란히 전해진다."

김명심 / Director /
Regulatory Affairs North Asia / Johnson & Johnson MedTech

조용한 당신의 내면에 숨겨진 강력한 힘을 깨워줄 책!
"세상의 모든 직장인은 저마다의 무게를 감당하며 살아가고 있다. 이 책은 내향인의 강점을 무기로 삼아, 자신답게 성과를 내는 현실적인 성공 전략을 담고 있다. 정글 같은 직장 속에서 잠시 숨을 고르고, 자신의 속도로 당당히 일하고 싶은 모든 내향인에게 이 책을 권한다."

김은아 / 이사 / (주)커리어비전

"이 책은 저자가 직장 생활에서 내향인으로서 마주했던 심리적 한계들을 스스로 온전히 극복하는 과정에서 길어 올린 깊은 통찰의 결정체이다. 그 용기 있는 여정에서 얻은 깨달음은 내향성이 어떻게 가장 강력한 무기가 될 수 있는지 보여주며, 읽는 이가 스스로를 온전히 수용하고 그 고유한 강점을 사회생활의 진정한 무기로 활용할 실질적인 지혜를 선사할 것으로 기대된다."

정혜윤 / 소장 / 마음연구소 바라봄

"지난 20년간 곁에서 지켜본 아들이 성실하게 직장 생활 하면서 쌓은 경험과 지식을 체계적으로 정리한 책이다. 많은 스트레스를 안고 살아가는 내향적인 직장인들에게 서광을 비추는 저서가 될 것으로 기대한다."

김대송 / 대표 / (주)대호아웃도어

프롤로그

조용하지만 무시할 수 없는 존재가 되는 법

'알겠습니다'라고 말했지만
속으로는 '아니요'를 외치고 있는 당신에게

학창 시절의 나는 과묵한 편이었다. 마음을 깊이 나눌 수 있는 친구는 손에 꼽을 정도였지만, 운동을 좋아해 축구·야구·농구 등 다양한 스포츠에 적극적으로 참여하며 친구들과 어울렸다. 겉으로 보기엔 활발했지만, 마음을 터놓을 상대는 많지 않았다. 그래도 특별한 갈등 없이 지냈기에, 스스로를 내향적인 사람이라 생각해 본 적은 없었다.

그러나 회사에 입사하면서부터 내 성격에 의문이 생기기 시작했다.

급박한 상사의 지시, 쏟아지는 고객 요청, 끝이 보이지 않는 보고서와 미팅 준비….

집중해서 일하고 싶어도 업무의 파도에 휩쓸려 제대로 된 변명 한마디 못 한 채 상사의 눈치만 보게 되는 날들이 이어졌다. 추가 업무 요청이 들어와도 단번에 거절하지 못하고, 상대의 기분을 살피며 무조건 "네."라고 답하는 내 모습이 한심하게 느껴졌다. 하고 싶은 말을 삼키고, 내 의사를 분명히 표현하지 못하는 나는 누구보다 '내향형 인간'이었다.

'이 직장에서 앞으로 어떻게 버텨야 하지?'

그때부터 내향인으로서의 한계에 부딪히며 깊은 고민에 빠졌다. 직장 생활의 생존 비결을 알고 싶어 시중의 자기계발서를 닥치는 대로 읽었다. 어떤 책은 인간관계를 강조했고, 또 다른 책은 내향인의 섬세한 심리에 공감했다. 하지만 대부분의 책은 후반부로 갈수록 심리학 이론이나 뇌 과학 이야기로 마무리되었고, 내 현실에 꼭 맞는 '실전 해법'은 어디에도 없었다.

현실적인 문제는 인생의 선배이자 현직 사업가인 아버지의 조언을 참고하며 하나씩 해결해 나갔다. 그러나 매 순간

여쭤볼 수는 없었기에 시행착오를 겪으며 결국 '나만의 생존법'을 만들어 갔다.

나다운 직장생활을 위한 실질적 생존 전략

약 20년간의 직장생활 동안, 내향형 직장인으로서 내가 가장 고민했던 질문은 다음과 같다.

나의 정체성을 잃지 않으면서, 나만의 속도로 성과를 내는 방법은 무엇일까?

번아웃 없이 오래 버틸 수 있는 정신력은 어떻게 만들어지는가?

일과 삶의 균형은 과연 가능한가?

'말수가 적다'는 이유로 평가절하되지 않기 위해, '조용히 일해도 인정받는 사람'이 되기 위해 수많은 노력을 해왔다. 내향형 직장인으로서 나답게 일하며 성과를 인정받고, 커리어를 유지하며 지속 가능한 행복한 삶을 이루는 것, 그것이 내가 생각한 진정한 성공이었다. 지금의 나는 그 목표를 어느 정도 이루었고, 올바른 방향으로 나아가고 있다고 자신 있게 말할 수 있다. 그리고 그 여정에서 가장 필요했던 것은 단순한 위로나 공감이 아닌, '실질적인 생존 전략'이었다.

회의실에서 침묵하던 자신을 책망하며 귀가한 적이 있는가? 쏟아지는 업무 요청을 거절하지 못해 밤새 일하던 날이 있었는가? 이미 여러 자기계발서를 찾아보며 생존 전략을 세우고 있을지도 모를 당신에게, 이 책은 그 불씨를 더욱 활활 타오르게 할 현실적인 솔루션을 제시할 것이다.

내향인의 성장 에너지, '활력자본'

나는 결국 깨달았다. 원하는 성과와 삶을 위해서는 '활력자본'을 관리해야 한다는 사실을.

활력자본이란, 당신이 목표를 이루기 위해 사용할 수 있는 개인의 모든 에너지 자원을 의미한다.

즉, 체력·정신력·감정 에너지를 포괄하는 당신만의 힘의 원천이다. 이 자본을 어떻게 관리하느냐에 따라 직장생활의 질이 달라진다. 활력자본을 알고 다룰 줄 아는 사람은, 업무와 사람에 휘둘리지 않고 번아웃 없이 성장할 수 있다.

이 책은 당신이 균형 잡힌 삶을 찾도록 돕는 안내서다.

'덜 말하는 성향'을 약점이 아닌 무기로 바꾸고, 지친 일상 속에서도 다시 힘을 얻어 원하는 성과를 내며 커리어를 성장시키는 방법을 담았다. 이러한 성장을 이루었을 때, 나는 그것을 "직장 생활을 잘 이겨냈다"고 표현하고 싶다.

  이제, 당신의 차례다.
  조용하지만 단단하게—당신만의 성공 공식을 실행할 준비가 되었는가?
  이제 그 여정을 함께 시작해보자.
  당신은 성향을 강점으로 바꿔 현실을 이길 수 있다.
  그 힘은 당신을 더 단단하고, 더 자유롭게, 그리고 무엇보다 더 '당신답게' 만들어 줄 것이다.

목차

추천의 글 004

프롤로그 조용하지만 무시할 수 없는 존재가 되는 법 007

1부 소리 없이 강한 힘을 발견하라

1장 내향성, 이제는 경쟁력이다

1	외향인이 정말 더 성공하는가?	021
2	내향 기질은 축복이다	026
3	직장생활의 무기가 되는 조용한 힘	030
4	내향인으로 규정하면 그렇게 살게 된다	035

2장 성공한 사람들이 가진 조용한 힘의 비밀

1	배려와 성실함이 만든 국민 MC	**유재석**	041
2	극복과 관리로 성장한 CNN 프로듀서	**킴 부이 바넷**	046
3	내면의 힘으로 세상을 이끌다	**버락 오바마**	050
4	성공한 내향인의 공통점 세 가지		055

3장 활력자본을 우선적으로 관리하라

1	꾸준한 실행의 힘, 활력자본!	061
2	멘탈 회복력이 성과를 가른다	073
3	체력 충전 속도를 높여라	081
4	나만의 집중력을 올리자	090
5	관계 유지의 핵심은 활력이다	095
6	활력자본이 만든 커리어 전략	101

2부 깊이 생각하고, 단단히 실행하라

4장 생각의 힘은 실천의 원동력이다

1	생각 정리, 성과와 리더십의 시작	111
2	생각하는 법을 키우자	116
3	당신은 반대로 일하고 있다	120
4	시간을 지배하는 자, 성과를 만든다	125
5	업무의 주인이 되어라	130
6	열정보다는 시스템으로 일하라	136

5장 조용하지만 강력한 실행력

1	날개 달린 호랑이가 되어라	145
2	꾸준한 실행력, 조직을 움직이다	150
3	내적 동기의 재발견	154
4	사고가 바뀌어야 실행이 달라진다	159
5	소리 없이 강해지는 생존 전략	163
6	세상을 바꾸는 조용한 혁신	167

 소통기술로 영향력을 발휘하라

6장 현명한 소통을 위한 대응 기술

1	굿 커뮤니케이터가 되는 기술	177
2	말하지 않으면 모른다	185
3	정중하고 단호한 거절도 능력이다	191
4	어떤 상황에도 대응 멘트를 보유하자	198
5	무례한 사람을 단숨에 제압하는 법	204
6	피할 수 없다면 독립적인 사람이 되자	211
7	성숙한 직장인의 소통방식	216

7장　영업직을 위한 대인관계 관리 기술

1	내향인도 영업을 잘할 수 있을까?	225
2	현실은 실전이다	231
3	일찍 준비하는 사람이 매출을 달성한다	235
4	감정도 체력의 영역이다	241
5	말보다 침묵이 강한 이유	247
6	지속적인 검토로 승부하라	253

에필로그　261

1부

소리 없이 강한 힘을 발견하라

1장

내향성, 이제는 경쟁력이다

1
외향인이 정말 더 성공하는가?

외향인을 연기하는 내향인

학교, 직장, 사회 전반에서는 활발하고 사교적인 사람을 선호하는 경향이 있다. '리더'라고 하면 대부분 자신감 있고 말을 유창하게 하는 사람을 떠올린다. 예를 들어, 애플의 창립자이자 전 CEO인 스티브 잡스의 카리스마 넘치는 프레젠테이션 장면이 대표적이다. 채용 면접에서도 팀워크와 의사소통 능력을 강조하며 외향적인 인재를 높이 평가한다. '자기 PR의 시대'라 불리는 요즘은 '튀지 않으면 묻힌다'는 인식이 사회 전반에 퍼져 있다. 그 결과, 사람들은 보여주기식 경쟁에 내몰리고 있다.

이러한 사회 분위기 속에서 내향적인 사람들은 종종 '나도 좀 더 외향적으로 바뀌어야 하나?'라는 고민에 빠진다. 그리고 자신 본연의 모습을 애써 감추며, 외향적인 사람인 척 '외향인 코스프레'를 하게 된다. 요즘 직장인들 사이에서 MBTI(성격유형검사)에 관한 대화가 자주 오간다. 그때 종종 이런 말을 듣게 된다. "다들 제가 E(Extrovert: 외향인)인 줄 아는데, 사실은 완전히 I(Introvert: 내향인)예요. 한마디로 사회화된 I죠." 그 말을 들은 주변 사람들은 놀라면서도 "그럴 줄 알았어." 하며 고개를 끄덕인다.

"좀 더 적극적으로 나서 봐. 말도 많이 하고, 사람들과 잘 지내야지." 어릴 적 필자가 어머니에게 자주 들었던 말이다. '조용하면 리더가 될 수 없다', '사교성이 있어야 사회에서 성공할 수 있다'는 사회적 통념은 우리 세대에게 '외향성'을 일종의 성공의 기준처럼 각인시켰다.

직장에서는 이러한 경향이 더욱 두드러진다. 회의 자리에서는 말을 많이 해야 존재감을 인정받고, 조용히 있으면 의견이 없는 사람으로 여겨진다. 일부 약삭빠른 사람들은 다른 사람의 말을 가로채 마치 자신의 의견인 양 어필하기도 한다. 이런 분위기 속에서 내향적인 사람들은 어떻게든 살아남기 위해 외향적인 행동을 '연기'해야만 하는 상황에 놓인다.

다음 중 하나라도 해당된다면, 당신 역시 그 가면을 써 본 경험이 있을 것이다.

- 회의 중 다른 사람에게 밀리지 않기 위해, 내키지 않아도 손을 들어 의견을 말해 본 적이 있는가?
- 상사나 임원 앞에서 억지로 활발한 모습을 보인 적이 있는가?
- 고객과의 대화 중 침묵이 어색해 애써 말을 이어가려 한 적이 있는가?

이런 모습이 낯설지 않다면, 당신은 스스로 외향적인 가면을 쓰려 했을 가능성이 높다. 하지만 가면은 어디까지나 가면일 뿐, 진짜 내가 될 수는 없다. 그 가면을 오래 유지하려 하면, '나 아닌 나'를 연기하느라 에너지가 고갈되고 결국 '나다운' 직장 생활을 지속하기 어려워진다.

나만의 성공 방식을 찾자

그렇다면 정말로 외향인이 성공에 더 유리한 조건을 갖고 있을까? 세계적인 리더들 가운데에는 의외로 내향적인 사람이 많다. 마이크로소프트의 창업자이자 빌 & 멀린다 게이츠 재단 이사장인 빌 게이츠, 마이크로소프트의 현 CEO 사티아 나델라, 그리고 '투자의 귀재'로 불리는 워렌 버핏 등이 그 대표적인 예다. 그들은 화려한 언변보다 깊이 있는 사고와 꾸준한 실행력으로 성공을 이뤄냈다.

외향적인 사람들에게도 나름의 어려움이 있다. 즉흥적인 발언으로 오해를 사거나, 말이 행동으로 이어지지 않아 신뢰를 잃는 경우가 있다. 또한 많은 사람을 만나야 하는 성향 탓에 관계가 표면적으로 흐르기도 하고, 외부 활동에 치중하다 보니 정작 중요한 일에 집중하지 못하기도 한다.

결국 중요한 것은 외향형이냐 내향형이냐의 차이가 아니다. 자신의 성향을 인정하고, 그에 맞는 방식으로 강점을 발휘하는 것이 핵심이다. '외향적이어야 성공한다'는 고정관념에서 벗어나, '내향적인 나만의 성공 방식'을 찾아야 한다.

세상은 종종 외향적인 사람을 리더로, 내향적인 사람을

조력자로 규정하려 한다. 하지만 굳이 그 주류의 틀에 나 자신을 억지로 끼워 넣을 필요는 없다. 내향인으로서 행복한 직장생활을 이어가기 위해 정작 스스로에게 던져야 할 질문은 이것이다.

"진정으로 나다운 직장 생활이란 무엇일까?"

2
내향 기질은 축복이다

외향성과 내향성의 조화가 만든 뛰어난 판매 성과

베스트셀러 『오리지널스(Originals)』의 저자이자 와튼스쿨 조직 심리학 교수인 애덤 그랜트(Adam Grant)는 2013년 발표한 논문 「Rethinking the Extraverted Sales Ideal: The Ambivert Advantage」에서 '외향성과 내향성이 판매 실적에 미치는 영향'을 분석한 흥미로운 연구 결과를 제시했다.

그랜트 교수는 미국의 한 통신판매 회사에 근무하는 판매직 직원 340명을 대상으로 설문조사를 실시했다. 그는 직원들의 성격 특성(외향성, 성실성, 친화성, 개방성, 정서적 안정성)을 측정하고, 이를 판매 실적과 비교하여 외향성과 판매 성과 간의 상관관계를 검증했다.

연구 결과는 흥미로웠다. 외향성이 높은 직원들은 평균 시간당 약 15만 원의 매출을 올렸지만, 3개월 누적 실적으로 보면 평균 1,200만 원으로 오히려 가장 낮은 성과를 보였다. 반면 내향적인 직원은 평균 1,300만 원, 그리고 내향성과 외향성의 균형을 갖춘 양향형(ambivert) 직원은 평균 1,600만 원으로 가장 높은 실적을 기록했다. 즉, 지나치게 외향적이거나 지나치게 내향적인 사람보다 두 성향의 균형을 이룬 사람이 가장 뛰어난 성과를 냈다. 판매에 가장 적합한 성격은 내향성과 외향성이 조화를 이룬 양향형이었다.

애덤 그랜트는 이 결과를 이렇게 해석했다. 외향적인 사람은 강한 확신과 열정으로 고객을 설득하지만, 지나친 자신감은 오히려 역효과를 낳을 수 있다. 반면 내향적인 사람은 상대의 반응을 세심하게 관찰하고, 경청하는 능력이 뛰어나다. 결국 두 성향의 장점이 균형을 이룰 때 최고의 성과가 나타나는 것이다.

당신만의 강점을 극대화하라

 위의 연구 결과는 그동안 판매 직종에서 인정받기 어렵다고 여겨졌던 내향성이 사실은 숨은 강점을 지니고 있음을 보여준다. 이는 판매직뿐 아니라 모든 직종에서도 마찬가지다. 이제 내향성을 더 이상 약점으로 볼 필요는 없다. 물론 내향인이 사회에서 겪는 어려움은 여전히 존재한다. 아직까지 사회는 내향인의 조심스러운 의견에 충분히 귀 기울이지 않는다. 그렇다면 직장 내 내향인은 어떻게 자신의 기질을 지키며, 동시에 강점을 살려 나갈 수 있을까?

 내향인이 억지로 자신을 외향적으로 바꾸려 하면 심리적 스트레스가 쌓이고, 결국 번아웃에 빠질 위험이 크다. 따라서 핵심은 성향을 바꾸는 것이 아니라 내향성의 강점을 극대화할 수 있는 환경을 조성하는 것이다. 즉, 내향성이 가장 빛날 수 있는 상황과 업무 방식을 찾아 적극적으로 활용해야 한다. 직장 내 업무 환경이나 동료들의 성향을 살펴보면, 꼭 맞는 퍼즐 조각처럼 당신의 강점을 필요로 하는 자리가 반드시 있다. 내향인의 대표적인 강점은 상대의 의견을 경청하고, 전체를 조망하며, 깊이 있는 대화를 통해 신뢰를 쌓는 능력이다. 여기에 분석력, 공감력, 신중함이라는 자질을 업무와 연결할 수 있다면, 그것은 곧 당신만의 강력한 경쟁력이 될 것이다.

직장에서는 종종 상사의 성향에 맞추기 위해 본래의 모습을 감추고, 누군가의 방식을 흉내 내야 하는 상황이 생기기도 한다. 생존을 위해 자존심을 내려놓고 버텨야 하는 현실은 직장인이라면 누구나 공감할 것이다. 그러나 자신의 성향을 억누른 채 타인의 방식을 따라가는 것은 결국 한계에 부딪히게 된다. 사람마다 타고난 성향이 다르기에, 누군가를 완벽히 흉내 내는 것은 불가능하다. 그렇게 할수록 점점 자신을 잃게 된다. 따라서 내향인이 만족스러운 직장생활을 이어가기 위해서는 자신의 정체성을 지키며 일하는 균형감이 무엇보다 중요하다. 이를 위해 먼저 나만의 강점을 다시 돌아보자.

꺼진 줄 알았던 불씨도 다시 타오를 수 있다. 당신 안의 불씨는 완전히 사라지지 않았다. 아직 약하게 타오르고 있는 그 열정을 다시 불어넣는다면, 내향인의 뜨거운 불꽃으로 다시 한번 세상을 비출 수 있을 것이다.

3
직장생활의 무기가 되는 조용한 힘

조용한 힘의 원천 세 가지

세상은 말을 잘하고, 빠르게 반응하는 사람을 성공의 기준으로 삼는다. 그러나 진정으로 강한 사람은 조용한 순간에도 자신을 단단히 세운다. 그들은 불필요한 경쟁보다 자신과의 싸움에 집중하며, 깊이 생각한 뒤 변화를 만들어낸다. 이러한 '조용한 힘'이야말로 내면에서 비롯되는 지속 가능한 성장의 원천이다. 그렇다면, 내향인의 조용한 힘의 근원이 되는 세 가지 능력은 무엇일까?

1. 신중한 사고력과 성실함

심리학자 칼 융(Carl Jung)을 비롯한 여러 연구에 따르면, 내향인은 분석적이고 신중한 사고를 선호한다. 이러한 특성은 복잡한 문제를 다루는 기획, 전략, 데이터 분석, 법무, 인사, 개발 등의 분야에서 탁월한 강점으로 작용한다. 케임브리지대학교의 연구 결과에서도 내향인은 장시간 깊이 몰입해 일하는 능력이 뛰어난 것으로 나타났다. 외향인이 빠른 반응과 유연한 소통력을 장점으로 한다면, 내향인은 끝까지 해내는 끈기와 정확성으로 승부한다.

이는 최근 한국 기업 문화의 변화와도 맞닿아 있다. 과거에는 빠른 업무 속도와 단기 성과를 중시하며 눈부신 경제 성장을 이루었지만, 이제는 장기적 전략과 지속 가능한 관리가 더 중요해진 시대다. 때로는 내향인이 느리게 보일 수 있다. 그러나 꾸준함과 정확성으로 신뢰를 쌓아간다면, 그 성실함은 결국 당신의 가장 큰 무기가 된다. 이런 점에서 내향인은 장기 프로젝트나 리스크 관리가 필요한 업무에서 중요한 역할을 맡을 수 있다.

2. 탁월한 경청 및 공감 능력

『하버드비즈니스리뷰(Harvard Business Review)』는 내향적인 리더가 팀원들의 의견을 더 세심하게 듣고, 공감하며, 구체적인 피드백을 제공한다고 밝혔다. 또한 즉흥적인 판단보다 충분한 정보를 수용하고 정리하는 과정에서 더 나은 성과를 내는 경향이 있다고 한다.

경청과 공감은 신중한 사고력과 맞물려 조직의 신뢰를 구축하는 핵심 역량이 된다. 내향인은 상대의 말에 집중하고 그 속뜻을 읽어내며, 조용하지만 깊은 통찰로 사람을 이해한다. 이런 특성은 팀 내 갈등 조정자나 리더로서 큰 강점이 된다. 조직이 점점 세분화되고 분업화되는 오늘날, 내향인의 포용력은 부서 간의 사각지대를 메우는 필수적 리더십으로 작용한다.

3. 감정적 안정성과 신뢰성

대만과 미국에서 진행된 여러 심리학 연구에 따르면, 내향적인 사람은 외향적인 사람에 비해 감정을 더 차분하게 다루고, 상황을 신중히 분석하는 경향이 있다. 이러한 특성은 감정적 안정성과 연결되어 조직 내에서 신뢰를 얻는 기반이 된다.

위기 상황에서도 내향인은 즉흥적인 반응보다 논리적으로 문제를 바라보며, 안정된 사고로 해결책을 찾는 힘을 발휘한다. 감정적으로 힘든 순간이 오더라도, 내향인은 스스로를 다스리는 회복 습관을 통해 다시 중심을 잡는다.

함께 일하는 동료에게 감정적으로 안정된 에너지를 주는 사람은 언제나 신뢰받는다. 내향인이 가진 이 '감정의 안정감'은 조직이 기댈 수 있는 든든한 버팀목이 된다.

당신의 조용한 힘은 이미 강력한 무기

이제는 자신의 내향성을 숨기지 말자. 신중함은 리스크를 줄이고, 성실함은 장기적 성과를 만들어낸다. 경청과 공감은 신뢰를 쌓게 하고, 감정적 안정과 논리적 문제 해결은 어려운 상황을 극복하게 한다.

내향적인 당신은 이미 충분히 강하다. 당신의 조용한 힘은 결코 약하지 않으며, 그 힘은 누구보다 오래 지속된다.

[참고문헌]

1. 「The Moderating Effect of Organizational Trust on the Relationship Between Locus of Control and Psychological Contract」, Yi-Chang Chen, Tung-Hsuan Chuang, 2021

2. 「Relationship of Core Self-Evaluations Traits—Self-Esteem, Generalized Self-Efficacy, Locus of Control, and Emotional Stability—With Job Satisfaction and Job Performance: A Meta-Analysis」, Timothy A. Judge & Joyce E.Bono, 2001

4
내향인으로 규정하면
그렇게 살게 된다

MBTI가 주는 함정: '나는 내향인이다'

최근 몇 년 사이, 상대방을 이해하기 위해 MBTI(성격 유형 검사)를 묻는 일이 매우 자연스러워졌다. 한국에서는 1990년대 도입되어 본격적으로 대중화되었고, 특히 2020년경 코로나 시기를 전후로 폭발적인 인기를 끌며, 사람들의 성향을 파악하고 서로를 이해하는 중요한 기준으로 자리 잡았다.

이러한 심리학적 접근은 분명 사회적 소통에 도움을 주었지만, 한편으로는 '자기규정의 함정'을 만들기도 했다. 인간의 뇌는 자신이 믿는 생각을 스스로 강화하려는 경향이 있다. 즉, '나는 내향형이야.'라고 규정하는 순간, 자신을 그 정체성에 맞춰 행동하게 된다. 처음에는 단순히 자신의 성향을 인식하는 수준에 불과하지만, 시간이 지나면 그에 맞는 행동 패턴이 점점 굳어진다.

이 고정화는 긍정적일 수도, 부정적일 수도 있다. 예를 들어, 올림픽에 출전하는 선수들은 '나는 할 수 있다.'는 자기암시를 통해 목표를 향한 의지를 강화한다. 이처럼 자기 확신은 긍정적인 변화를 일으킬 수 있지만, 반대로 '나는 내향적이니까 발표는 할 수 없어.'와 같은 부정적 인식은 스스로의 가능성을 제한한다.

결국 MBTI는 참고 자료일 뿐, 나를 정의하는 틀이 되어서는 안 된다. 인간은 한 가지 성향으로 설명할 수 없는, 훨씬 복합적인 존재다. 당신은 'I형' 또는 'E형'에 국한되는 사람이 아니라, 그보다 훨씬 다층적이고 유연한 사람이다.

유연한 정체성 확립하기

우리는 고정된 성격을 가진 존재가 아니다. 끊임없이 변화하고 성장하는 존재다. 성격이 형성되는 과정에는 환경적 요인이 큰 영향을 미치므로, 노력에 따라 성향과 능력도 충분히 발전할 수 있다.

내향적인 기질이 있다고 해서 그것이 한계를 의미하지는 않는다. 오히려 자신의 성향을 이해하고, 필요할 때는 변화의 방향을 선택할 수 있어야 한다. 예를 들어, 평소 과묵하더라도 중요한 순간에는 명확한 의견을 제시할 수 있어야 하며, 발표나 협상 능력 또한 연습을 통해 충분히 향상시킬 수 있다.

내향적인 사람들은 익숙한 환경을 선호하는 경향이 있어 빠르게 변화하는 비즈니스 환경에서는 스트레스를 받기 쉽다. 그러나 변화를 두려움으로 받아들이기보다, 새로운 배움과 성장의 기회로 바라보는 시각 전환이 필요하다.

이러한 '긍정적 인식 훈련'은 내향인의 성장 잠재력을 크게 넓혀준다. '나는 내향적이라 안 돼.'라고 생각하는 순간, 그 잘못된 선입견은 현실이 된다. 반대로, '내향적이지만 할 수 있다.'고 믿는 순간, 무궁무진한 가능성의 문이 활짝 열리게 된다.

2장

성공한 사람들이 가진 조용한 힘의 비밀

1
배려와 성실함이 만든 국민 MC
유재석

  2000년대 이후, 국내 대중문화는 눈부신 속도로 변화해 왔다. TV와 라디오 중심이던 미디어 환경은 인터넷과 소셜미디어의 발달로 유튜브와 OTT 등 다양한 플랫폼으로 빠르게 확장되었다. 그 결과 프로그램의 수명은 짧아지고, 인기를 끄는 콘텐츠가 순식간에 교체되는 시대가 되었다.

  이제 방송인에게 요구되는 것은 단순한 생존이 아니다. 독창적인 아이디어와 기획력, 그리고 프로그램의 인기를 확장시킬 수 있는 영향력이 필수적이다. 이러한 흐름 속에서 '부캐(부가 캐릭터)'를 만들어 새로운 매력을 선보이는 연예인들도 늘고 있다.

  그렇다면 자극적인 콘텐츠가 넘쳐나는 이 시대에, 유재

석은 어떻게 오랜 세월 '국민 MC'로서의 자리를 지켜올 수 있었을까? 그 중심에는 바로 '내향인의 힘'이 있었다.

상대방의 입장에서 소통하는 진행자

내향적인 사람은 깊이 있는 대화를 선호하고, 상대의 이야기에 귀 기울이는 데 능하다. 유재석 역시 자신의 성향을 정확히 이해하고 이를 강점으로 발전시켰다. 그는 자신을 내세우기보다 동료와 게스트가 빛날 수 있도록 이끄는 진행으로 신뢰를 얻었다.

프로그램 출연자에 대한 사전 조사를 철저히 하고, 상대의 처지와 감정을 세심하게 헤아리는 그의 태도 덕분에 방송에서는 진솔한 이야기가 자연스럽게 흘러나온다. 시청자들은 그 과정에서 인간적인 공감을 느낀다. 또한 그는 불필요한 갈등을 만들지 않으면서도 자신의 생각을 분명하게 표현한다. 이런 태도가 그를 '믿을 수 있는 진행자'로 자리매김하게 했다.

신뢰를 쌓기 위한 노력

 신인부터 원로까지, 유재석을 만난 사람들은 누구나 마음의 문을 연다. 무엇이 그들의 마음을 움직였을까? 그는 어떤 자리에서도 사람과의 관계를 가장 소중하게 여기며, 단기적인 인기보다 장기적인 신뢰를 선택했다. 배우 신혜선은 tvN 예능 프로그램 〈유 퀴즈 온 더 블럭〉에서, 데뷔 초 공중파 첫 예능 출연 당시 유재석의 따뜻한 배려 덕분에 자연스럽게 대중에게 자신을 알릴 수 있었다고 고마움을 전했다.

 이처럼 유재석은 예의 바르고 따뜻한 태도로 사람을 대하며 관계를 쌓아왔다. 권위를 내세우지 않으면서도 확실한 리더십을 보여주었고, 제작진과 출연자 모두와의 협업 속에서 신뢰를 중시했다. 〈유 퀴즈 온 더 블럭〉이 초반의 저조한 시청률을 극복하고 장수 예능으로 자리 잡을 수 있었던 것도, 그와 스태프들이 오랜 시간 함께 쌓아온 신뢰의 결과였다.

하기 싫은 일도 전심으로 해내다

지금은 누구나 인정하는 '국민 MC'지만, 유재석에게도 긴 무명 시절이 있었다. 신인 시절, 개그 감각이 부족하다는 평가를 받자 방송 감독의 제안으로 '메뚜기 탈'을 쓰고 리포터 역할을 수행하며 조금씩 이름을 알리기 시작했다. 당시 내향적이던 그는 퇴근길 지하철에서 사람들이 자신을 비웃는 듯한 느낌을 받아 부끄러움을 느끼기도 했다. 그러나 이러한 과정을 견디고, TV 속 '메뚜기 리포터'로 알려진 것은 데뷔 9년 만의 일이었다.

이후 그는 예의 바르고 겸손한 태도로 진정성 있는 방송을 만들기 위해 꾸준히 노력했다. 불필요한 논란을 피하기 위해 사생활을 드러내지 않고, 방송을 통해서만 대중과 소통하며 현명하게 자기 관리를 해왔다. 매일 운동으로 체력과 정신을 단련하고, 철저한 준비를 통해 방송 실수를 최소화하는 성실함도 눈에 띈다.

유재석은 인기 대열에 오른 후에도 다양한 유형의 예능에 도전하며 기존의 틀을 깨고 성장했다. 〈무한도전〉, 〈런닝맨〉, 〈놀면 뭐하니〉 등 여러 프로그램에서 새로운 캐릭터를 소화하며 폭넓은 스펙트럼을 보여주었다.

이러한 성과를 가능하게 한 그의 신념은 "하기 싫은 일도 전심으로 해내야 한다."였다. 〈유 퀴즈 온 더 블럭(282회)〉에서 2025 동계아시안게임 쇼트트랙 1,500m 금메달리스트 박지원이 "하기 싫은 일을 할 때 에너지를 얼마나 쓰느냐?"고 묻자, 유재석은 "모든 에너지를 다 쏟아서라도 해야 한다."고 답했다. 이와 같이 전심으로 임하는 자세와 꾸준한 자기 관리가, 그를 단순한 방송인이 아닌 국민의 신뢰를 받는 MC로 자리매김하게 했다.

2
극복과 관리로 성장한 CNN 프로듀서
킴 부이 바넷

    방송국은 언제나 긴장감이 감도는 공간이다. 화려한 스튜디오 조명 아래, 빠르게 돌아가는 뉴스룸에서는 기자, 앵커, 엔지니어, 작가, 마케팅팀 등 수많은 사람들이 긴밀히 협업한다. 프로그램 촬영 일정을 조율하고, 속보에 대비하며, 예상치 못한 방송 사고에도 즉각 대응해야 한다.

    이처럼 숨 가쁜 제작 현장에서 프로듀서는 기획부터 제작, 편집, 송출까지 모든 과정을 총괄하는 중추적 역할을 맡는다. 특히 CNN과 같은 글로벌 미디어 기업에서는 전 세계 시청자에게 영향을 미칠 콘텐츠를 책임지는 자리이기에, 그 무게감은 더욱 크다.

    그러나 끊임없는 커뮤니케이션, 속도의 경쟁, 사람 간의 복잡한 관계는 내향적인 사람에게 큰 도전이다. 생방송에서는 단 몇 분 만에 판단하고 조치해야 하며, 활발한 네트워킹과 다수와의 협업도 필수적이다. 그렇다면 이러한 환경 속에서 내향적인 사람이 어떻게 버텨내고, 더 나아가 성공할 수 있었을까? 그 해답은 CNN 프로듀서 킴 부이 바넷의 이야기 속에 있다.

일상에서 한계를 극복하다

내향적인 사람에게 사람들 앞에서 말하는 일은 언제나 큰 부담이다. 킴 부이 바넷도 예외는 아니었다. 회의실에서 팀을 이끌고, 많은 사람 앞에서 방향을 제시해야 하는 상황은 그녀에게 큰 긴장과 스트레스를 안겨주었다. 그러나 두려움에 머물지 않고, 자신에게 맞는 환경에서 연습할 방법을 찾아 나섰다.

그녀가 적합하다고 생각한 장소는 오랫동안 봉사해 오던 비영리 단체였다. 이곳은 사람들이 실수를 해도 비판하지 않고, 자연스럽게 말할 수 있는 편안한 환경이었다. 킴 부이 바넷은 이 공간을 무대로 삼아 대중 앞에서 말하는 연습을 시작했고, 반복적인 경험을 통해 두려움을 조금씩 줄여나 갔다.

봉사활동에서 쌓은 자신감은 곧 직장으로 이어졌다. 이제 그녀는 사내 큰 회의에서도 무리 없이 발표할 수 있게 되었고, 내향적인 성격을 억누르지 않으면서도 자신의 한계를 인정하고 환경에 맞게 대처하는 방법을 터득했다.

더 나아가, 킴 부이 바넷은 팀원과의 개별 소통에도 세심한 주의를 기울였다. 회의에서 다루지 못한 안건이나 아이디어를 이메일로 제출하도록 권장해, 내향적인 직원들도 편안하게 의견을 낼 수 있는 통로를 만들었다. 이러한 접근은 구성원들이 각자의 방식으로 참여하도록 이끌며 팀 내 신뢰를 높였다. 그녀의 리더십은 바로 '소리 없는 배려의 리더십'이었다.

커리어 지속을 위한 체력 관리

빠르게 돌아가는 방송 환경에서 내향적인 사람은 에너지가 쉽게 고갈된다. 반복적인 상호작용과 긴장된 상황은 정신적 피로를 쌓이게 하기 때문이다. 킴 부이 바넷도 이러한 한계를 체감했지만, 이를 극복하기 위해 체력 관리와 자기 재충전을 꾸준히 실천했다. 그녀는 매일 일정이 끝난 뒤 요가로 긴장을 풀고, 자신만의 재충전 시간을 확보했다. 덕분에 업무 외 시간에도 봉사활동에 참여하며 개인 생활을 유지할 수 있었고, 일과 삶의 균형을 지킬 수 있었다.

능력이 뛰어나도 이를 발휘할 체력이 뒷받침되지 않으면 의미가 없다. 정신적 스트레스를 관리할 수 있어야 창의적이고 생산적인 업무가 가능하다. 킴 부이 바넷은 일과 삶의 경계를 명확히 하고 꾸준한 자기관리를 실천함으로써, CNN의 고강도 업무 속에서도 중심을 잃지 않고 안정적으로 역할을 수행할 수 있었다.

3

내면의 힘으로 세상을 이끌다
버락 오바마

　전 미국 대통령 버락 오바마(Barack Obama)는 내향적인 성향을 가진 인물로 알려져 있다. 그럼에도 불구하고, 외향성이 요구되는 정치의 세계에서 그는 뛰어난 리더십을 발휘했다. 깊은 사고와 경청을 바탕으로 시대의 변화를 이끌었으며, 미국 최초의 흑인 대통령으로서 한 시대를 대표하는 인물이 되었다.

　대통령의 역할은 단순히 한 나라를 이끄는 것을 넘어, 세계 정세를 조율하고 군사·경제·문화 등 다양한 영역의 중심에 서는 책임을 요구한다. 내향적인 버락 오바마가 이러한 자리를 맡았다는 사실은, 그의 개인적 성공을 넘어 인종적 한계를 극복한 문명적 진보의 상징으로 평가될 만하다. 그의 성공 뒤에는 세 가지 핵심 요인이 자리하고 있다.

경청에서 시작된 신뢰의 리더십

내향적인 사람들은 흔히 훌륭한 경청자(Good Listener)로 알려져 있다. 버락 오바마도 회의에서 다양한 의견을 주의 깊게 듣고, 신중하게 결정을 내리는 스타일을 고수했다. 그는 재임 기간 동안 매일 밤 시민들의 편지 열 통을 직접 읽으며 국민의 목소리에 귀 기울였고, 각국 방문 시 젊은이들과의 대화를 일정에 포함해 그들의 생각 속에서 미래의 희망을 찾았다. 버락 오바마는 젊은 리더들에게 "리더십은 경청에서 시작된다"고 강조했다.

그의 소통 방식은 참모진과의 관계에서도 빛났다. 외향적인 리더가 폭넓은 네트워크를 통해 에너지를 얻는다면, 오바마는 소수의 핵심 참모들과 깊은 신뢰를 쌓았다. 수석 전략가이자 2008년·2012년 선거 캠페인의 핵심인 데이비드 액설로드(David Axelrod)와는 비정기적으로 사적인 대화를 나누며, 건강보험 개혁(Obamacare) 실행 당시 정책의 기대와 우려, 정치적 대립과 이념적 분열을 정교하게 분석했다. 백악관 수석 고문 발레리 자렛(Valerie Jarrett)과는 여성 권리, 인종 차별, 경찰 폭력 등 사회적 이슈에 대한 진지한 논의를 이어갔다.

버락 오바마는 단순히 회의실에서 의견을 듣는 데 그치지 않았다. 측근과의 사적 대화 속에서도 현실의 목소리를 경청하며 정책을 결정했다. 그는 다른 의견을 존중하는 문화를 만들고, 대통령의 생각이 절대적이지 않다는 태도로 조직을 이끌었다. 그 결과, 그의 리더십은 권위가 아닌 신뢰를 기반으로 작동했고, 차분하고 논리적인 설득과 핵심을 전달하는 방식으로 조직과 국민을 움직였다.

분석과 공감으로 세상을 움직이다

버락 오바마는 연설과 토론에서 짧고 명확한 메시지로 강한 인상을 남겼다. 즉흥적이기보다 분석적이고 숙고하는 스타일을 살려, 그의 연설에는 언제나 치밀한 분석과 정제된 문장이 담겼다. 또한 감성적 스토리텔링을 통해 대중의 공감을 이끌어냈다. "Yes We Can", "Hope"와 같은 슬로건은 단순하지만 철학적이며 듣는 사람의 마음에 울림을 주었다. 정책 브리핑에서도 개인적 서사를 미국 사회 전체의 이야기로 확장하며, 감성과 논리를 조화롭게 결합했다. 그의 메시지는 언제나 "변화는 어렵지만 희망을 잃지 말아야 한다"로 귀결되었다.

모든 연설이 지지와 박수만으로 이어진 것은 아니었다. 한 번은 송유관 건설 중단을 요구하는 시위자가 그의 연설 도중에 "다코타 액세스 송유관 중지!"라고 외쳤다. 순간 정적이 흘렀다. 하지만, 버락 오바마는 유머를 섞어 "무슨 말씀인지 알겠어요. 하지만 나이가 들어서 그런지 잘 안 들리네요."라고 반응하며 격앙된 분위기를 부드럽게 만들었다. 이어 "메모를 남겨주세요. 편지를 써도 좋습니다."라고 덧붙이며 시위자를 진정시켰다. 그는 단순히 연설문을 전달하는 데 그치지 않고, 다른 의견과 생각에도 공감하며 반응했다. 격한 상황 속에서도 침착함과 배려를 잃지 않는 그의 모습은, 내향형 리더십이 가진 품격과 힘을 보여주는 대표적인 사례였다.

자기 성찰로 중심을 지키다

버락 오바마는 종종 "혼자 생각할 시간이 없으면 지친다", "나는 내면에서 에너지를 얻는다"고 말하곤 했다. 세계를 무대로 활동하면서도 그는 자신의 내면을 돌보는 일을 게을리하지 않았다. 매일 규칙적으로 웨이트와 유산소 운동, 농구 등으로 체력을 관리하고, 독서와 가족과의 시간을 일상에 포함시켜 심신의 균형을 유지했다. 하루 최소 한 시간은 독서나 글쓰기로 내면을 정리하며 사고를 명료하게 했다.

분노나 좌절과 같은 감정을 글로 풀어내는 방식은 그의 감정 이해와 통제 능력을 높였다. 그는 "나는 내 감정을 어떻게 다루는지 잘 알고 있다"고 말하며, 자신의 감정을 체계적으로 정리하고 활용함으로써 리더십을 더욱 견고하게 다졌다. 꾸준한 자기관리 습관 덕분에 버락 오바마는 높은 업무 강도 속에서도 중심을 잃지 않았으며, 이는 모든 리더에게 귀감이 되는 사례로 남는다.

4

성공한 내향인의 공통점 세 가지

　성공한 내향형 리더들의 공통점을 분석하면, 직장생활에서도 적용할 수 있는 실질적인 성장 전략을 발견할 수 있다. 유재석, 킴 부이 바넷, 버락 오바마의 사례를 통해 이들이 각자의 환경 속에서 어떻게 자신만의 방식으로 성취를 이뤄냈는지 살펴보자.

성장 전략 1. 강점을 극대화하는 '분석력'

　내향인은 자신의 성향과 한계를 정확히 이해하고, 환경을 분석해 가장 빛날 수 있는 무대를 설계한다.
　유재석은 초창기 개그 코너보다는 예능 진행자로서의 역

량을 발전시키는 데 집중했다. 다양한 출연자와 함께하는 프로그램에서 그는 자신의 강점을 살려 자연스럽게 공감하며 이야기를 이끄는 진행자로 자리매김했다. 그 결과 동료와 게스트가 돋보이는 분위기를 만들 수 있었다.

킴 부이 바넷은 방송국에서 수많은 회의와 발표를 수행해야 했다. 내향적인 성향 때문에 부담을 느꼈지만, 오랫동안 봉사해온 비영리 단체를 연습 무대로 삼아 반복적인 대중 연설 연습을 통해 자신감을 쌓았다.

버락 오바마는 세계적인 정치 무대에서도 분석적 사고를 기반으로 핵심 참모들과 깊은 신뢰를 쌓으며, 정책 결정 과정에서 자신의 강점을 극대화했다.

이와 같이 본인이 처한 환경을 면밀히 분석하고 자신에게 맞는 무대를 설계할 때, 내향인은 잠재력을 최대한 발휘할 수 있다.

성장 전략 2. 꾸준히 해내는 '지구력'

내향인은 작은 행동을 지속하며, 체력과 생활 균형까지 관리해 장기적인 성과를 만든다.

유재석은 무명 시절부터 체력 관리와 철저한 준비를 통해 방송 실수를 최소화하며, 꾸준히 성장해 왔다.

킴 부이 바넷은 고강도 방송 일정 속에서도 매일 요가와 재충전 시간을 확보하며 에너지를 유지했다. 봉사활동과 개인 생활을 병행하면서 일과 삶의 균형을 지켜낸 덕분에, 직장에서 꾸준히 성과를 낼 수 있었다.

버락 오바마는 대통령 재임 기간 매일 시민들의 편지를 읽고, 해외 순방 중에도 청년과의 대화를 빠뜨리지 않았다. 작은 실천을 지속하며 장기적 목표를 달성한 사례다.

작은 실천의 반복과 균형 잡힌 생활이, 내향인이 지속 가능한 성과를 만드는 핵심 열쇠다.

성장 전략 3. 세심한 소통의 기본 '공감력'

내향인은 공감 능력과 세심한 소통으로 조직과 사람을 움직인다. 전략은 개인의 몫이지만, 이를 실현하는 과정은 타인과의 협업을 필요로 한다.

유재석은 동료와 출연자를 배려하며, 신뢰와 협력 중심의 방송 환경을 만들었다.

킴 부이 바넷은 회의에서 다루지 못한 안건이나 아이디어를 이메일로 제출하도록 유도해, 내향적인 직원들도 편안하게 참여할 수 있는 환경을 조성했다.

버락 오바마는 참모진과의 사적 대화 속에서도 의견을 경청하며, 시위자에게 유머와 배려로 대응했다. 격한 상황 속에서도 침착함과 공감을 잃지 않는 모습은 내향형 리더십의 품격과 힘을 보여준다.

공감과 세심한 소통은 내향인의 가장 강력한 전략적 자산이며, 조직의 지속 가능성과 성과를 결정짓는다.

성공한 내향인은 조용하지만 강하다. 환경을 분석하고, 꾸준히 실천하며, 공감으로 사람을 움직이는 세 가지 공통점은 누구나 자신만의 방식으로 재현할 수 있다. 내향형이라는 성향은 한계가 아니라 가능성의 또 다른 이름이다. 강점을 살리고, 끊임없이 자신을 단련하며, 사람의 마음을 이해할 때 내향인의 리더십은 비로소 빛을 발한다.

3장

활력자본을 우선적으로 관리하라

1

꾸준한 실행의 힘, 활력자본!

활력자본이란 무엇인가?

직장에서 수행해야 하는 일은 단순히 주어진 업무를 처리하는 데 그치지 않는다. 효율적인 시간 관리와 체계적인 업무 시스템 구축은 물론, 다양한 인간관계에서 적절한 대응 멘트를 준비하여 감정 소모를 최소화하는 방법까지 고려해야 한다. 이런 모든 과제를 단순히 능력과 의지에만 의존하여 해결하기란 결코 쉽지 않다.

바로 이때 필요한 것이 '활력자본(Vital Asset)'이다. 활력자본이라는 개념은 의학에서 사용되는 '활력징후(Vital Sign)'에서 착안했다. 활력징후란 체온, 맥박, 호흡수, 혈

압 등 사람이 생명을 유지하고 있음을 확인하는 지표를 말한다. 하지만 우리의 삶은 단순히 생명을 유지하는 것만으로 충분하지 않다. 진정으로 '살아있다'는 느낌은 인생의 명확한 목표를 세우고, 그것을 이루어나가는 과정 속에서 비로소 느낄 수 있다.

활력자본은 바로 이 '살아있음'의 감각을 뒷받침하는 내적 자산이다. 이는 정신적·신체적 요소를 모두 포함하며, 삶의 에너지를 충전하고, 도전과 성장을 지속할 수 있도록 우리를 움직이게 하는 힘의 근원이다. 즉, 활력자본은 단순한 능력이나 기술을 넘어, 개인이 목표를 향해 나아가는 동안 활용할 수 있는 내적 자원이라고 할 수 있다.

활력자본의 세 가지 구성 요소

활력자본은 개인이 일과 삶에서 지속 가능하게 목표를 추구하고 성과를 내는 데 필요한 내적 힘을 의미하며, 크게 세 가지 요소로 구성된다.

첫째는 멘탈이다. 멘탈은 자기효능감, 자기 존중감, 회복탄력성, 심리적 안정감 등과 같은 정신적 요소를 포함한다.

이는 외부에서 소진된 에너지를 회복하고 업무에 몰입할 수 있도록 돕는 보이지 않는 충전기 역할을 한다. 멘탈이 탄탄하면 압박감이 있는 상황에서도 흔들리지 않고 냉철하게 판단하며 과제를 수행할 수 있다.

둘째는 체력이다. 체력은 신체적 건강과 꾸준한 생활 습관을 포함하며, 높은 업무 강도 속에서도 집중력과 지속력을 유지하도록 뒷받침한다. 규칙적인 운동과 충분한 휴식, 균형 잡힌 생활 패턴을 통해 체력을 관리하면 반복되는 업무와 긴장 속에서도 안정적인 성과를 이어갈 수 있다.

멘탈과 체력이 균형 있게 갖추어졌을 때, 비로소 세 번째 요소인 무형의 내적 자산이 빛을 발한다. 여기에는 목표를 향한 동기부여, 반복되는 업무를 꾸준히 수행할 수 있는 지구력, 경험과 연습을 통해 쌓은 자신감 등이 포함된다. 즉, 멘탈과 체력이라는 두 축이 기초를 이루어야만, 개인이 가진 무형의 내적 자산이 온전히 발휘되어 활력자본으로서의 힘을 극대화할 수 있다. 활력자본은 단순히 존재하는 자원이 아니라, 의도적으로 축적하고 관리함으로써 목표 달성을 지속 가능하게 만드는 내적 힘인 것이다.

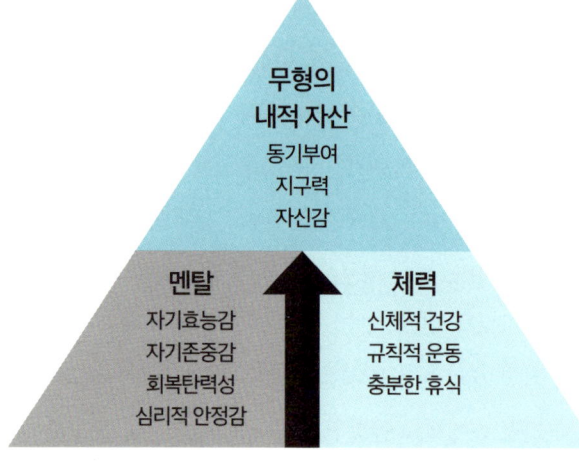

활력자본의 두 가지 축인 멘탈과 체력을 기반으로, 개인이 가진 무형의 내적 자산이 목표를 달성하는 힘으로 작용한다.

꾸준함을 지탱하는 내적 연료, 활력자본

현대의 직장 환경은 단순한 역량보다 지속적으로 몰입하고 실행할 수 있는 힘, 즉 '활력자본(Vital Asset)'을 요구한다. 많은 사람이 뛰어난 능력이나 아이디어를 가지고도 끝까지 밀어붙이지 못해 성과를 내지 못한다. 결국 차이를 만드는 것은 재능이 아니라, 지치지 않고 꾸준히 실행할 수 있는 내적 에너지다.

 활력자본이 충분한 사람은 어떤 어려운 프로젝트에서도 쉽게 흔들리지 않는다. 업무가 반복되거나 예기치 못한 문제가 발생해도, 그들은 자신 안의 활력자본을 활용해 다시 중심을 잡고 끝까지 추진해 나간다. 활력자본은 단순한 의지나 노력과는 다르다. 그것은 끈기를 유지하게 하고, 실행을 지속시키는 내면의 연료다.

 예를 들어 지속적인 검토가 필요한 반복적인 업무를 떠올려 보자. 이를 단조롭고 지루한 일로 인식하면 금세 피로감이 찾아온다. 하지만 "이 과정이 나의 성장을 이루는 핵심이다."라는 믿음을 가질 때, 전혀 다르게 다가온다. 이러한 인식의 전환과 꾸준함을 가능하게 하는 것이 바로 활력자본이다.

휴일을 가리지 않고 반복되던 필자의 군대 일상 - 사실, 당신의 직장 생활과 크게 다르지 않다.

이 중 어떤 삶이 나에게 유익할까?

결국 활력자본은 일의 지속력, 성실함, 그리고 완결력을 결정짓는 핵심 요소다. 활력자본이 충전되어 있을 때, 내향인은 단순히 '버티는 사람'을 넘어 조용하지만 꾸준히 성과를 내는 사람으로 성장할 수 있다. 이제 직장에서 필요한 것은 단순한 업무 능력이 아니라, 스스로를 이해하고 활력자본을 관리할 줄 아는 능력이다. 시간 관리, 협업력, 커뮤니케이션 능력 등 모든 역량은 활력자본이라는 기반 위에서 유지되고 발전한다.

활력자본은 눈에 보이지 않지만 분명히 존재하는, 당신만의 내적 자산이다. 그것이 무엇인지 인식하고, 의도적으로 축적하고 관리할 때, 우리는 지치지 않고 꾸준히 성장할 수 있는 가장 강력한 비밀을 손에 쥐게 된다.

당신의 활력자본은 무엇인가?

활력자본은 사람마다 그 형태가 다르다. 누군가에게는 하루를 정리하는 명상 시간이 될 수 있고, 또 다른 누군가에게는 좋아하는 음악 한 곡, 짧은 산책, 멘토와의 대화, 혹은 작은 실천을 통한 성취감이 될 수도 있다. 형태는 달라도 공통점은 하나다. 활력자본은 목표를 향해 나아가게 하는 힘이라는 것이다.

내향인은 대체로 타인과의 대화나 외부 자극에서 에너지

를 소모하기 때문에, 활력자본이 부족하면 쉽게 지치고 무기력해질 수 있다. 그러나 활력자본이 충분히 충전되어 있다면 상황은 완전히 달라진다. 결국 중요한 것은 나만의 활력자본을 인식하는 일이다. 어떤 순간에 에너지가 채워지고, 어떤 방식으로 회복되는지를 알아야 한다. 그 과정을 통해 부족한 부분은 보완하고, 강점은 극대화할 수 있다.

다음 페이지의 '나의 활력자본 체크리스트'를 통해 당신의 인생에서 일과 삶을 지속적으로 성장시켜 줄 활력자본이 무엇인지 점검해 보자. 이것이야말로 당신이 더 단단하고 주도적인 삶을 살아가기 위한 첫걸음이 될 것이다.

나의 활력자본 체크리스트

1 현재 활력자본 상태 점검

"나는 지금 내 에너지를 얼마나 전략적으로 활용하고 있는가?"
(점수가 높을 수록 에너지 활용강도가 크다)

영역	점수 (1~5)	사례 / 설명
멘탈 (정신적 에너지 활용)	1☐ 2☐ 3☐ 4☐ 5☐	무례한 상대의 언행과 태도에 반응하지 않기로 했다.
체력 (신체적 에너지 활용)	1☐ 2☐ 3☐ 4☐ 5☐	개인 운동으로 체력을 강화하니 생활 패턴이 안정되고, 복잡한 생각도 자연스럽게 정리되었다.
무형 자산 (동기, 자신감, 반복 수행력 등)	1☐ 2☐ 3☐ 4☐ 5☐	맡은 업무가 경력 개발에 도움이 된다고 인식하자 강한 동기부여가 생겼다. (긍정화 훈련)

3장 활력자본을 우선적으로 관리하라

2 에너지 활용 패턴 기록

직장 업무 및 일상 생활 속에서 에너지가 소모되는 순간과 충전되는 순간을 파악해 보세요.

상황 / 활동	에너지 소모 정도	에너지 충전 정도	비고
회의 시간	높음 (경직됨)	낮음	비판을 의식해 쉽게 말하지 못하고, 에너지가 크게 소모됨
점심 식사 후, 산책 시간	낮음	높음	햇볕을 쐬며 동료들과 걷는 시간이 오후 업무를 위한 재충전이 됨. 10~15분의 짧은 반복 산책이 효과적임

3 활력자본 활용 목표 & 전략

현재 나의 활력자본을 활용하여 달성하고 싶은 목표를 적고 구체적 전략을 설계해 보세요.

목표	활용할 활력자본	구체적 전략	예상 효과
1년 안에 책 1권 쓰기	• 체력 • 집중력 • 시간 관리 능력 • 동기부여 • 긍정적 마인드	• 글쓰기 방법에 대한 컨설팅 받기 • 정해진 시간에 작성 분량 목표 달성하기	• 성취감 증대 • 자신감 향상 • 자신의 강점에 대한 명확한 분석

4 점검 & 자기 질문

1. 오늘 나는 활력자본을 얼마나 전략적으로 활용했는가?

_____

_____

2. 이번 주 에너지를 가장 많이 소모한 순간은 언제이며, 회복을 위해 무엇을 하였는가?

_____

_____

3. 다음 목표 달성을 위해 내 활력자본을 어떻게 조율해야 하는가?

_____

_____

2
멘탈 회복력이 성과를 가른다

멈춤이 아닌, 완주를 위한 피트스톱

브래드 피트 주연의 영화 〈F1 더 무비(2025)〉에는 긴장감 넘치는 레이싱 장면 속에서 드라이버가 잠시 '피트스톱(pit stop)'에 들어가는 장면이 인상 깊게 등장한다. 불과 몇 초 만에 바퀴를 교체하고 장비를 점검한 뒤 다시 트랙으로 복귀하는 그 장면은, 마치 정교하게 설계된 팀워크가 완벽하게 맞물려 돌아가는 듯한 완성미를 보여준다. 실제 F1 공식 경기에서도 최소 한두 번, 많게는 세 번 이상 타이어 교체가 이루어진다. 아무리 뛰어난 드라이버라도 한 세트의 타이어로 끝까지 달리면 속도는 떨어지고 위험은 커진다. 오히려 적절한 시점에 타이어를 교체하는 것이야말로 완주를 위한 최선의 전략이다.

이 장면은 우리의 직장 생활과 닮아 있다. 매일 치열한 속도로 달리다 보면, 어느 순간 몸과 마음이 한계에 다다른다. 이때 필요한 것은 단순한 '멈춤'이 아니라, '리프레시(Refresh)'를 통한 회복이다. 잠시 속도를 늦추고 자신을 점검하는 이 시간은 결코 낭비가 아니다. 오히려 이 짧은 휴식이 멘탈 회복력을 키우고, 다시 집중력을 회복해 더 멀리, 더 오래 달릴 수 있게 하는 전략이 된다. 결국 피트스톱은 '쉼'이 아니라 '지속 가능한 성장을 위한 전략적 선택'이다. 멈추는 용기, 회복의 지혜가 있을 때 비로소 우리는 더 단단하고 안정적인 속도로 자신의 트랙을 완주할 수 있다.

연습으로 길러지는 멘탈 회복력

멘탈 회복력은 타고나는 성질이 아니다. 미국심리학회(APA)는 "회복력은 특별한 능력이 아니라, 일상 속에서 연습과 학습을 통해 누구나 기를 수 있는 자원"이라고 말한다. 다시 말해, 회복력은 훈련을 통해 단련할 수 있는 마음의 근육이다. 예일 의과대학의 정신과 전문의 스티븐 사우스윅 교수와 수년간 회복력을 연구한 뉴욕시 마운트 시나이 아이칸 의대 학장인 데니스 샤니 박사도 저서 『Resilience: The Science of Mastering Life's Greatest Challenges』에서 "회복력은 소수의 특별한 사람만 가진 성질이 아니라, 배움을 통해 누구나 길러낼 수 있는 능력"이라고 강조한다.

직장 생활에서의 회복력은 단순히 피로를 푸는 것이 아니라, 내면의 균형을 되찾고 다시 달릴 힘을 만드는 과정이다. 이러한 멘탈 회복력은 내향인의 행복한 직장 생활을 가능하게 하는 핵심 활력자본이다.

멘탈 회복력이 중요한 이유

과거에는 힘들어도 내색하지 않고 끝까지 버티는 것이 '프로페셔널'로 여겨졌다. 하지만 이제는 시대가 달라졌다. 오늘날에는 힘든 상황을 부정하지 않고, 잠시 멈춰 자신을 회복하려는 태도가 오히려 더 현명하고 지속 가능한 방식으로 평가받는다.

특히 내향인에게 이 회복의 과정은 더욱 중요하다. 이들은 타인과의 대화나 갈등 상황에서 에너지를 많이 소모하고, 작은 긴장감에도 예민하게 반응하기 때문이다. 이로 인해 피로가 누적되면 외향인보다 더 빨리 번아웃에 이를 수 있다.

그러나 멘탈 회복력이 높은 내향인은 같은 상황에서도 다르게 반응한다. 문제 속에서 작은 배움을 찾아내고, 상처 속에서도 자신을 단단히 세워 나간다. 스트레스를 견디는 것에서 그치지 않고, 그 안에서 스스로를 새롭게 빚어내는 성장의 자양분을 발견한다.

결국 내향인에게 멘탈 회복력은 단순한 버팀목이 아니라, 꾸준히 성실하게 일하고 의미 있게 살아가기 위한 근본적인 힘이다. 이 힘이 있을 때 우리는 어떠한 상황에서도 휘둘리지 않고 나다운 방식으로 일할 수 있으며, 그 과정에서 스스로를 지켜내고 더 단단한 나로 성장할 수 있다.

멘탈 회복력 강화 워크시트

"짧은 정지, 깊은 회복"
– 당신의 마음을 리셋하는 미니 피트스톱 루틴

1 나의 현재 상태 점검

지난 일주일 동안 나의 멘탈 에너지 상태를 스스로 진단해 보세요.

항목	전혀 아니다 (1)	아니다 (2)	보통이다 (3)	그렇다 (4)	매우 그렇다 (5)
감정의 기복이 잦고 쉽게 피로감을 느낀다	☐	☐	☐	☐	☐
하루 중 나만의 '정지 버튼' 없이 계속 일에 몰두한다	☐	☐	☐	☐	☐
퇴근 후에도 머릿속이 일 생각으로 가득하다	☐	☐	☐	☐	☐
혼자 있는 시간이 오히려 불안하거나 초조하다	☐	☐	☐	☐	☐
감정 상태를 파악하거나 표현하는 데 어려움을 느낀다	☐	☐	☐	☐	☐

> **Tip** 점수가 높은 항목일수록 '멘탈 회복 루틴'이 더 필요하다는 신호입니다. 우선순위를 정해 개선 목표로 삼아 보세요.

2   미니 피트스톱 루틴 체크리스트

아래 목록 중 이미 하고 있는 루틴에는 ✓, 시도해보고 싶은 루틴에는 ★표시를 해보세요.

루틴	설명	체크
1분 호흡 정리	눈을 감고 호흡에만 집중한다. 마음의 소음을 줄인다.	☐
3분 셀프 리셋 타임	창밖 보기, 커피 한 잔, 감정 기록 등으로 사고를 리셋한다.	☐
5분 산책 루틴	회의 후 짧게 걷기. 생각을 정리하며 신선한 자극을 얻는다.	☐
감정 라벨링	'나는 지금 ○○하다'와 같이 현재 감정에 이름을 붙여본다. 예) '나는 불안하다', '나는 지루하다'	☐
디지털 오프 타임	하루 중 15분간 휴대폰을 멀리 두고 조용히 있는다.	☐
감사 일기 쓰기	오늘 고마웠던 일 세 가지를 짧게 메모한다.	☐

3 나만의 회복 루틴 설계

나에게 가장 잘 맞는 미니 피트스톱을 조합해 '개인 회복 루틴'을 만들어 보세요.

시간대	루틴 내용	실행 빈도	체크(✓)
출근 전	1분 호흡 정리	매일	☐
업무 중	감정 라벨링	하루 2회	☐
퇴근 후	3분 셀프 리셋 타임	매일	☐
취침 전	감사 일기 쓰기	매일	☐

> **Point** 루틴의 목표는 완벽함이 아니라 '정기적인 정지와 회복'입니다.

4 마인드 리셋 타임

하루를 마무리하며 짧게 기록해보세요.

오늘 나를 힘들게 한 일은
_____

_____

나를 회복시켜준 순간은
_____

_____

내일은 (   )분 동안 '정지 시간'을 가져보겠다.

멘탈 회복력은 끊임없이 달리는 힘이 아니라, 필요할 때 잠시 멈추고 나를 정비하는 기술이다. 당신의 피트스톱은 짧을수록 강해진다.

3
체력 충전 속도를 높여라

회복 속도의 힘

불과 5년 전, 내향적인 직장인 김 차장은 하루가 힘겨웠다. 업무 스트레스와 인간관계 갈등이 쌓일 때마다 속이 답답하고, 마음속 천불이 치밀었다. 그러나 감정을 겉으로 드러낼 수 없으니, 얼굴은 금세 붉어지곤 했다. 함께 일하는 상사가 도움이 되지 않는다고 느끼면 원망이 쌓였고, "왜 나만 이렇게 힘든 걸까?"라는 생각이 머릿속을 지배했다. 프로젝트가 끝나고 주말에 쉬어도 피로는 좀처럼 풀리지 않았다.

하지만 지금의 김 차장은 달라졌다. 같은 환경에서도 쉽게 지치지 않고, 회복 속도 역시 눈에 띄게 빨라졌다. 비슷한 스트레스 상황이 찾아와도 한결 담대하게 받아들이고, 지혜롭게 대처한다. 지난 5년 사이, 그의 변화를 이끈 중심에는 체력 회복의 충전 속도를 높이는 습관이 자리하고 있었다.

대한민국 직장인의 체력 현실

통계가 보여주는 현실은 날카롭다. 2020년 기준, 한국 성인의 절반 이상인 54.4%가 신체활동이 부족했고, 주당 권장 기준인 중강도 운동 150분 혹은 고강도 운동 75분을 채우지 못했다. 유산소와 근력 운동을 모두 수행하는 성인은 단 16.9%에 불과했다. 성별로 보면 남성은 21.9%, 여성은 11.8%로 큰 차이가 나타났다. (출처: 국민건강영양조사, KNHANES)

내향 직장인의 현실에 이 데이터를 적용하면, 단순한 운동 부족을 넘어 체력 회복 속도가 느려지는 문제가 드러난다. 체력이 약한 상태에서 바쁜 일상을 보내며 에너지를 계속 소모하고 있는 것이다.

그럼에도 희망은 있다. 2024년 기준, 러닝 인구가 약 1,000만 명으로 전체 인구의 4분의 1에 달한다. 특히 2030세대에서 시작된 러닝 열풍이 4050세대까지 확산되고 있다. 팬데믹 이후, 직장인들이 워라밸(Work-Life Balance)을 추구하며 운동을 통한 스트레스 해소와 자기 관리의 중요성을 깨닫기 시작했다는 의미다.

루틴으로 충전 속도를 높인다

체력의 충전 속도를 높인다는 것은 단순히 운동량을 늘리는 것이 아니다. 핵심은 빠르게 회복하고, 이를 반복 가능한 습관으로 만드는 것이다. 이렇게 하면 작은 자극에도 쉽게 지치지 않고, 반복되는 스트레스와 부정적 생각을 미리 흘려보낼 수 있다.

또한, 짧은 회복 경험이 쌓이면 "나는 금세 회복할 수 있다"는 자기 효능감이 생긴다. 혼자 하는 러닝이나 산책처럼 내향적인 방식으로 에너지를 관리하면서, 심리적 휴식까지 함께 누릴 수 있다.

마지막으로, 빠른 회복은 지속 가능한 루틴으로 이어진

다. 회복이 빨라지면 운동이 즐거워지고, 성취 경험이 쌓이면서 내면의 지구력과 자신감까지 강화된다. 단순한 체력 향상을 넘어, 바쁜 업무 속에서도 지치지 않고 끝까지 버틸 수 있는 힘을 길러주는 것이다.

당신의 체력도 고속 충전이 필요하다

스마트폰의 고속 충전 기능을 떠올려 보자. 짧은 시간 충전해도 금세 100%에 가까워지고, 오랫동안 사용할 수 있다. 직장인의 체력 회복도 이와 같다. 짧지만 자주 충전하는 습관이 바로 '고속 충전'의 핵심이다. 또 다른 비유로, 마라토너와 스프린터를 생각해 보자. 마라토너는 긴 회복 시간이 필요하지만, 스프린터는 짧은 시간에 전력을 다하고 금세 회복한다. 여러 프로젝트를 연속으로 수행해야 하는 직장인의 업무 방식은 마라톤보다는 스프린트에 가깝다. 따라서 짧은 회복을 빠르게 반복하는 전략이 훨씬 효과적이다.

이를 실천하는 간단한 방법이 '마이크로 휴식(Micro-break)'이다. 1시간마다 2~3분씩 자리에서 일어나 스트레칭을 하거나 눈을 감고 휴식하는 것만으로도 피로 누적을 막을 수 있다. 연구에 따르면, 주 1회 3시간 몰아서 운동하는 것보다, 주 3회 30분씩 꾸준히 운동하는 루틴이 체력 회복 속도를 훨씬 높인다. 핵심은 한 번의 강도 높은 회복이 아니라, 작은 단위의 지속적인 충전이다.

앞서 소개한 김 차장도 마찬가지였다. 업무 중 잠깐 산책을 하거나 퇴근길에 한 정거장 먼저 내려 걷는 등 작은 습관의 반복이 그의 충전 속도를 높였다. 내향인은 회복에 시간이 필요하지만, 충전 속도를 높이는 능력은 훈련을 통해 충분히 키울 수 있다. 중요한 것은 완벽한 루틴이 아니라 작게라도 시작하는 것이다.

체력과 멘탈 회복력, 이 두 가지는 활력자본의 핵심이다. 이를 균형 있게 관리하면, 복잡한 직장 환경 속에서도 자신의 성향을 지키며 의견을 내고 성과를 만들어낼 수 있다. 작은 실천을 반복할수록, 더 빨리 회복하고 자신감 있는 내향 직장인으로 성장하게 된다.

체력의 충전 속도 강화 워크시트

"빠른 회복, 지속 가능 에너지"
- 당신의 신체 리듬을 점검하고 충전하는 작은 실천 루틴

1 나의 현재 상태 점검

지난 일주일 동안 나의 신체 에너지 상태를 스스로 진단해 보세요.

항목	전혀 아니다 (1)	아니다 (2)	보통이다 (3)	그렇다 (4)	매우 그렇다 (5)
아침에 일어나도 몸의 피로가 남아 있다	☐	☐	☐	☐	☐
일하는 중 기력이 쇠하는 느낌이 들고 집중력이 쉽게 떨어진다	☐	☐	☐	☐	☐
일하는 동안 여간해서는 몸을 잘 움직이지 않는다	☐	☐	☐	☐	☐
스트레스를 받으면 쉽게 기운이 빠진다	☐	☐	☐	☐	☐
내 몸의 피로 신호를 잘 인식하지 못한다	☐	☐	☐	☐	☐

Tip 점수가 높은 항목일수록 '체력 고속 충전'이 더 필요하다는 신호입니다. 우선순위를 정해 개선 목표로 삼아 보세요.

2 나의 충전 패턴 관찰

시간대	피로도 (1~5)	집중력 (1~5)	충전을 위한 현재 행동	대체할 수 있는 '마이크로 휴식'
오전				
점심 이후				
오후				
퇴근 전				

> **Tip** '마이크로 휴식'은 2~3분짜리 스트레칭, 심호흡, 자리에서 일어나 걷기, 창문 열고 바깥 보기 등 작은 행동이면 충분합니다.

3 나만의 회복 루틴 설계

시간대	루틴 내용	실행 빈도	체크(✓)
아침	기상 후 5분 스트레칭	매일	☐
업무 중	1시간마다 자리에서 일어나 어깨 돌리기	하루 5회	☐
퇴근 후	한 정거장 먼저 내려 걷기	주 3회	☐
주말	근력운동 또는 가벼운 러닝	주 2회	☐

Point 루틴의 목표는 완벽함이 아니라 '작게라도 꾸준히 하는 것' 입니다.

4 주간 회복 리포트

한 주를 마무리하며 스스로에게 물어보세요.

1. 이번 주 나는 언제 가장 쉽게 지쳤는가?

_____

_____

2. 나를 가장 회복시킨 짧은 충전 행동은 무엇이었는가?

_____

_____

3. 다음 주에 추가해볼 수 있는 루틴은 무엇인가?

_____

_____

체력의 충전 속도는 타고난 능력이 아니라, 훈련을 통해 길러지는 회복 습관이다. 당신의 작은 루틴 하나가 바로 회복력의 시작점이다.

4

나만의 집중력을 올리자

집중력과 업무 생산성의 관계

학창 시절, 오랜 시간 책상 앞에 앉아 있었지만 머릿속이 멍했던 경험이 있을 것이다. 계획 없이 독서실에서 시간을 보내다 보면, 실제 학습 효과보다는 '열심히 시간을 보냈다'는 막연한 만족감만 남기 쉽다. 아무리 오랜 시간을 투자해도 효율이 오르지 않는 날이 있는가 하면, 충분히 휴식한 날에는 같은 시간 동안 훨씬 많은 내용을 이해하고 기억할 수 있다.

직장 생활에서도 이와 같은 원리가 적용된다. 휴식을 충분히 취한 날에는 회의에서 아이디어가 자연스럽게 떠오르고, 보고서 작성 속도 또한 빨라진다. 반대로 피로가 누적된 상태에서는 집중력이 저하되어 동일한 업무를 수행하는 데 두 배의 시간이 소요된다. 결국 집중력과 업무 생산성은 비례 관계에 있으며, 근무 시간 자체보다 '신체적·정신적 컨디션'이라는 변수가 훨씬 더 큰 영향을 미친다.

생산성이란 단순히 업무를 얼마나 빠르게 처리하느냐가 아니라, 동일한 시간과 자원으로 얼마나 높은 품질의 결과물을 창출하느냐를 의미한다. 다시 말해, 같은 시간 동안 더 정확하고 창의적이며, 수정이 적은 결과를 낼 때 생산성이 높다고 평가할 수 있다. 최근 조직에서는 업무 속도뿐 아니라 결과물의 완성도, 문제 해결력, 그리고 협업 시너지까지 종합적으로 고려하면서 생산성의 개념이 점차 다차원적으로 확장되고 있다.

대다수 직장인은 생산성을 높이기 위해 시간 관리법을 배우거나, 다양한 업무 도구를 활용하며, 불필요한 회의와 절차를 최소화하려 노력한다. 이러한 시도는 물론 의미가 있다. 그러나 집중력이 저하되고 피로가 누적된 상태에서는 어떤 방법도 근본적인 개선으로 이어지기 어렵다. 결국 업무 생산성의 핵심은 체력과 멘탈 회복력, 즉 얼마나 회복된 상태에서 몰입할 수 있는가에 달려 있다.

활력자본 충전이 성과의 비결이다

하버드비즈니스리뷰(HBR)의 연구에 따르면, 체력이 좋은 직장인은 업무 수행력이 평균 23% 높으며, 의사결정 속도와 멀티태스킹 능력 역시 향상된다. 반대로 체력이 부족하면 피로가 쉽게 누적되어 업무의 질이 떨어지고, 감정 조절이 어려워 대인 관계에서도 마찰이 발생한다. 국내 조사(잡플래닛, 2024)에서도 비슷한 결과가 나타났다. 명상이나 운동 등 자기관리 루틴을 꾸준히 유지하는 직장인은 업무 몰입도가 1.4배 높았다. 이는 곧, 활력자본이 충전될수록 같은 시간에도 성과의 질이 달라진다는 것을 의미한다.

활력자본은 앞서 설명했듯 멘탈 회복력, 신체적 에너지, 그리고 동기부여 같은 내적 자산의 총합이다. 이 자산이 충분히 축적되어야 비로소 집중력과 몰입이 유지되고, 명확한 판단력과 유연한 사고가 가능해진다. 피로 상태에서는 사소한 일에도 에너지가 분산되고 판단이 흐려지지만, 활력자본이 충전된 사람은 우선순위를 정확히 판단하고 문제를 빠르게 해결한다. 또한, 안정된 활력자본은 창의성과 협업력을 높인다. 감정을 잘 관리하는 사람은 갈등 상황에서도 흔들리지 않고, 새로운 아이디어를 더 쉽게 도출한다. 따라서 활력자본의 수준은 집중력의 깊이와 성과의 지속성을 결정짓는 핵심 지표라 할 수 있다.

결국 활력자본 관리란 기본적인 자기 관리가 아니라, 생산성의 투자 대비 수익률(ROI, Return on Investment)을 극대화하는 전략적 투자이다. 즉, 더 많은 시간을 일에 쏟는 것이 아니라, 내 안의 에너지를 어떻게 충전하고 유지하느냐가 성과의 질을 결정한다.

최고의 투자처는 결국 '나 자신'

많이 일하는 사람이 아니라, 집중해서 일의 질을 높이는 사람이 진짜 성과를 만든다. 그 출발점은 자신에게 투자하는 루틴을 만드는 일이다.

하루를 시작할 때, 그리고 마무리할 때 스스로에게 이렇게 질문해 보자.

"오늘 나는 내 활력자본을 얼마나 충전했는가?"

"내일 더 집중력 있게 일하기 위해 무엇을 바꿀 수 있을까?"

이 두 가지 질문은 단순한 자기 점검이 아니다. 활력자본을 관리하고 회복의 중요성을 인식하며, 이를 일상 속 습관으로 자연스럽게 내재화하는 첫걸음이다. 이를 꾸준히 실천할수록, 우리는 피로와 스트레스에도 흔들리지 않고 집중력을 빠르게 회복할 수 있는 능력을 갖추게 된다. 활력자본에 대한 작은 투자와 점검이 쌓일 때, 일의 효율과 성과의 질, 그리고 장기적인 커리어 경쟁력까지 강화된다.

5

관계 유지의 핵심은 활력이다

활력자본, 인간관계의 핵심 자원

현대인 대부분은 '관계 피로'를 경험한다. 직장 회의, 가족 돌봄, 소셜미디어 등 하루에도 수많은 관계 속에서 우리는 정신적·신체적 에너지를 소모한다. 그러다 보면 관계를 유지할 힘이 점점 줄어드는 것을 느끼게 된다. 실제 연구에서도 직무 스트레스와 관계 스트레스는 심박수 변동성(HRV: Heart Rhythm Variability)을 낮추고 수면 질을 저하시킬 뿐 아니라, 우울증 위험까지 높이는 주요 요인으로 확인된다(APA, 2023). 에너지가 고갈될수록, 작은 갈등에도 쉽게 흔들리고 타인과의 관계를 유지하기 어려워지는 이유다.

인간관계는 본질적으로 에너지를 요구한다. 신체적·정신적 에너지가 충분할 때 우리는 타인에게 긍정적인 에너지를 전하고, 공감 능력을 발휘하며, 갈등 상황에서도 여유 있게 대응할 수 있다. 반대로 활력자본이 고갈되면, 사소한 오해에도 감정이 폭발하거나 관계가 틀어지기 쉽다. 직장 생활에서 느끼는 박탈감, 분노, 불안, 무기력, 죄책감, 슬픔 등 대부분의 부정적인 감정은 활력자본의 고갈과 직결되어 있다.

내향적인 직장인에게는 이러한 현상이 더욱 뚜렷하다. 정서적 에너지가 부족하면 대인관계에서 쉽게 지치고, 상대의 기대에 부응하는 일이 큰 부담으로 느껴지기 때문이다. 하지만 한 가지 분명한 사실이 있다. 활력자본—신체적·정신적 에너지의 총합—이 건강한 인간관계의 핵심 자원이라는 점이다. 활력자본이 충분하면 우리는 감정을 조절하고, 보다 이성적이고 건설적인 방식으로 관계를 풀어나갈 여유를 갖게 된다.

따라서 관계 속 갈등이나 피로를 해결하는 첫 단계는 상대를 바꾸려 애쓰는 것이 아니라, 나 자신의 에너지 상태를 점검하고 회복 루틴을 적용하는 것이다. 심호흡, 작은 휴식, 산책, 짧은 운동 등 자신을 위한 회복 시간이 쌓일수록, 우리는 더 안정적으로, 더 깊이 타인과 연결될 수 있다.

직장 내 활력자본 활용 사례

직장생활에서 인간관계의 감정 소모는 피할 수 없는 현실이다. 특히 내향적인 직장인은 작은 갈등이나 비교 상황에도 쉽게 에너지가 소진된다. 하지만 활력자본을 효과적으로 관리하면, 감정에 휘둘리지 않고 관계를 성장의 기회로 전환할 수 있다.

사례 1) 동료의 승진으로 인한 상대적 박탈감

신입 시절에는 성실함만으로도 충분히 인정받아 비교적 스트레스가 적지만, 시간이 지나고 직급이 올라갈수록 감정은 점점 복잡해진다. 특히 동료가 먼저 승진하면 단순한 부러움을 넘어 "나는 부족한 사람인가?"라는 생각이 머릿속을 지배할 수 있다. 연구에 따르면, 상대적 박탈감을 경험한 직장인은 업무 만족도가 낮아지고, 이직 의사 역시 높아지는 것으로 나타난다.

이럴 때는 활력자본을 회복하며 대응하는 것이 핵심이다. 먼저 가벼운 산책이나 스트레칭으로 몸과 마음을 진정시키고, "나는 지금 질투와 무력감을 느끼고 있다"처럼 현재 느끼는 감정을 명확히 인식하면 감정이 폭발하는 것을 예방할 수 있다. 이어서 최근 자신의 성장 기록을 떠올리고 직접 적어 보면 자기 효능감이 회복된다. 마지막으로, 동료의 성취를 단순한 비교 대상이 아니라 학습의 기회로 받아들이고 진심 어린 축하를 전하면, 관계를 회복하고 성장의 힌트까지 얻을 수 있다.

사례 2) 상사의 높은 업무 요구

상사가 "왜 아직 이 정도밖에 못했어? 좀 더 적극적으로 해 보지 그래?"라고 말할 때, 이를 공격으로 받아들이면 쉽게 감정이 소진된다. 하지만 활력자본을 활용해 의미를 재해석하면, 피로가 아니라 성장의 에너지로 바꿀 수 있다. 회의 직후 심호흡으로 긴장을 완화하고, 구체적으로 개선점을 묻고, 자신의 업무가 커리어 성장과 어떻게 연결되는지 점검한다. 마지막으로, 작은 행동 변화를 시도하는 것이다. 예를 들어 회의에서 한 번 더 의견을 내거나, 고객 미팅에 추가 참여하는 것만으로도 자기 주도적 성취감을 높일 수 있다. 이러한 접근은 피로와 불안을 줄이는 동시에 성과 향상으로 이어진다.

사례 3) 후임과의 의견 충돌

상사가 되었을 때 후임이 제안을 무시하거나 독단적으로 행동하면 좌절감이 생길 수 있다. 이때도 활력자본을 활용하면 감정을 관리하고 생산적인 대응이 가능하다. 우선 즉시 대응하지 않고 잠시 자리를 벗어나 3분간 스트레칭하거나 물을 마시며 마음을 가다듬는다. 이후 후임의 의견을 적극적으로 듣고, "왜 그렇게 생각했는지?"를 묻고 메모한다. 양보할 부분과 고수할 기준을 구분해 협상 지점을 찾고, 존중을 담은 피드백을 전하면 단순한 충돌이 새로운 학습과 신뢰 형성의 기회로 바뀐다.

이처럼 활력자본을 체계적으로 관리하면, 감정에 끌려다니기보다 상황을 주도적으로 해석하고, 관계 속에서도 발전과 성장을 만들어낼 수 있다. 꾸준한 회복 습관과 자기 점검은 내향 직장인을 더욱 단단하고 유연한 리더로 성장시키는 밑거름이 된다.

[참고문헌]

1. 『The Role of Relative Deprivation and Attribution Style in the Relationship between Organizational Fairness and Employees' Service Innovation Behavior』, Zhao Li, Wangbing Liang, Yinggang Bao, Ruili Zhang, 2022

6
활력자본이 만든 커리어 전략

최고의 커리어를 위한 두 가지 질문

본 장에서는 필자의 사례를 통해 활력자본을 강화하며 커리어를 설계하는 전략을 공유하고자 한다. 필자는 한 회사에서 신입사원으로 업무를 시작해 어느덧 20년을 앞두고 있다. 연수로만 보면 긴 세월처럼 보이지만, 실제로 그 시간은 결코 단순하지 않았다. 요즘처럼 3~5년마다 이직하며 커리어를 쌓는 시대에, 종종 "왜 아직도 그 회사에 계세요?"라는 질문을 받는다.

어떤 날에는 전 직장 동료가 찾아와 농담처럼 "이제 거의 화석이 다 됐네."라고 말하기도 했다. 그때 잠시 마음이 불편했지만, 곧 스스로에게 이렇게 답했다. 나는 단순히 버틴 것이 아니라, 매 순간 활력자본을 관리하며 내 에너지를 성장에 투자해온 결과로 지금의 자리에 있다는 사실이다. 이직을 고민할 때마다 스스로에게 던진 질문은 두 가지였다.

첫째, 나는 발전하고 있는가?

지금의 내가 실제 실력으로 성과를 보여줄 수 있는가? 쌓아온 경험이 단순히 자부심을 위한 장식이 아니라, 객관적으로 평가받을 수 있는 역량으로 이어져 있는가? 현대 조직에서는 결과뿐 아니라 인성과 태도, 협업 능력 등 다양한 영역에서 평가가 이루어진다. 스스로를 객관적으로 점검하지 않으면, 이직을 하더라도 곧 한계가 드러날 수 있다. 꾸준한 자기 객관화는 단순한 장기근속보다 더 중요한 '성장의 근육'이라 할 수 있다.

둘째, 과연 이상적인 회사가 존재할까?

"회사가 나를 더 챙겨주어야 한다"는 기대보다는, 회사를 '내 성장의 학교'로 바라보았다. 직원으로서가 아니라, 조직을 이끌 관리자로 성장하기 위한 수업을 듣는 마음으로 업무에 임했다. 그 과정에서 얻은 깨달음은 단순하다.

"스스로 동기부여 하지 않으면, 어느 회사도 당신을 행복하게 만들어주지 않는다."

외부 환경이 아닌 자신의 관점과 태도가 업무 지속성과 만족도를 결정한다. 스스로 동기를 부여하면, 회사가 제공하는 성장 기회를 새롭게 발견할 수 있으며, 동시에 후배들에게 영감을 주는 선배로서의 모습을 만들어갈 수 있다.

한계에서 깨달은 활력자본의 힘

첫 아이를 가지기로 결심했을 때, 나는 처음으로 내 몸과 마음의 상태를 진지하게 돌아보았다. 당시의 나는 야근이 일상이었고, 목표 달성을 위해 몸과 마음을 혹사시키고 있었다. 늦은 밤까지 숫자를 정리하며 머릿속은 멈추지 않았고, 잠들어도 해결되지 않은 업무가 계속 떠올라 에너지를 소모했다. 온몸은 폭주 기관차처럼 과열되어 있었고, 마음속에는 불안과 초조가 함께 얽혀 있었다.

하지만 건강한 출산과 삶을 위해 작은 변화를 시작했다. 주말에는 미해결된 업무를 뒤로하고, 취미 활동과 마음을 비우는 시간을 의식적으로 확보했다. 운동과 식습관 관리를 통해 신체를 돌보기 시작했고, 회사에서 제공한 상담 프로그램을 활용해 감정을 객관적으로 정리했다. 더불어 글쓰기를 취미로 삼아 생각을 명확히 하는 연습을 했다. 이렇게 몸과 마음을 회복시키는 루틴이 차츰 자리 잡았다.

그 후에도 조직 개편, 새로운 리더, 실패한 프로젝트 등 수많은 위기가 찾아왔다. 그럼에도 불구하고, 활력자본이 충분히 관리되어 있었기에 나는 흔들리지 않았다. 안정된 체력과 회복력, 그리고 자기성찰 루틴은 어떤 혼란 속에서도 나를 중심에 세워주었다. 반복되는 업무 속에서도 지치지 않고 꾸준히 성과를 내며 성장할 수 있었던 이유, 그것은 단 하나, 바로 활력자본이었다.

커리어의 진화, 활력자본이 답이다

축구선수 손흥민은 '오래 다니면 정체된다'는 편견을 깨고, 한 팀에서 꾸준히 성장한 대표적 인물이다. 2015년 토트넘 입단 당시 그는 로테이션 자원에 불과했지만, 끊임없는 체력 훈련과 기술 향상, 팀 변화에 맞춘 유연한 적응력을 통해 팀의 핵심으로 자리 잡았다. 변화하는 감독과 전술 속에서도 스스로를 재정비하며 진화한 그는, 결국 토트넘 역사상 첫 외국인 주장이라는 기록을 세웠다.

직장인에게도 이 원리는 그대로 적용된다. 중요한 것은 오래 근속하는 것 자체가 아니라, 현재 위치에서 얼마나 의미 있는 가치를 더하고 있는가, 그리고 꾸준히 성장하고 있는가다. 남의 시선이나 단기 성과에 흔들리지 않고, 자기 자신이 만드는 성장 곡선에 집중할 때, 근속은 '커리어의 진화'가 된다.

그렇다면, 지금 우리는 어떻게 커리어와 성장의 방향을 점검할 수 있을까? 스스로 던져볼 질문들은 다음과 같다.

- 오늘 나는 내 에너지를 어디에 투자했는가?
- 이 자리에서 내가 만드는 가치 중, 내일도 기억될 것은 무엇인가?
- 1년 후, 나는 어떤 능력과 경험으로 팀과 조직에 기여할 수 있을까?

- 지금 쌓는 활력자본이 5년 뒤 나를 어떤 위치로 만들고 있을까?

이 질문들은 끊임없이 스스로에게 던져야 할 화두다. 이는 활력자본 관리 습관을 실천과 연결하고, 현재의 선택이 장기적 성과와 커리어 성장으로 이어지도록 돕는 나침반이다. 매일의 작은 선택과 회복 루틴이 쌓일 때, 우리는 어느새 조직에서 중심이 되고, 스스로 성장하는 전문가로 자리하게 된다.

2부

깊이 생각하고, 단단히 실행하라

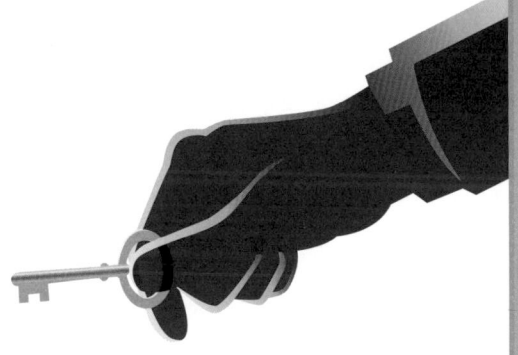

4장

생각의 힘은 실천의 원동력이다

1
생각 정리,
성과와 리더십의 시작

생각 정리의 힘

내향적인 사람은 외부 자극보다 자신의 내면, 즉 생각, 감정, 기억에 더 집중하는 경향이 강하다. 그들은 정보를 머릿속에 오래 두고, 말보다는 생각을 통해 방향을 잡으려 한다. 하지만 이런 특성 때문에 종종 생각이 복잡하게 얽히기도 한다. 그래서 내향적인 사람일수록 자기 생각을 체계적으로 정리하는 능력이 중요하다.

예를 들어, 회의 중 즉각적인 반응이 어렵더라도, 회의가 끝난 후 자신의 생각을 정리하여 깊이 있는 분석 리포트를 작성해서 보고한다면 상사의 신뢰와 인정을 받을 수 있다.

또, 업무가 뒤섞여 혼란스러운 경우에도 매주 업무 목록과 생각 정리 노트를 작성하면 목표를 명확히 하고 업무 성과를 높일 수 있다.

생각을 정리하면 정보와 경험을 체계적으로 분류하고 분석할 수 있는 능력이 향상된다. 구조화된 사고는 일상에서 마주하는 다양한 상황에 빠르고 정확하게 대응하게 해 주며, 의사결정 속도와 자신감도 높여 준다. 아울러 판단력이 강화되고, 자신의 생각을 말과 글로 자연스럽게 표현할 수 있게 된다. 결국, 생각을 정리하는 습관은 내향적인 사람에게 자기표현의 어려움을 줄이는 가장 효과적인 도구가 된다.

모든 업무는 생각 정리와 연결된다

직장에서는 즉흥적인 회의나 피드백 상황에서 누구나 불편함을 느낄 수 있다. 특히 내향적인 사람은 준비되지 않은 상황에서 말하는 것보다 글로 정리하고, 숙고한 후 표현하는 방식을 선호한다. 이런 특성은 생각이 정리되어 있을 때 강력한 설득력으로 이어진다. 팀 구성원으로서 회의 전에 질문에 대한 '자기 생각'을 미리 정리해 두면, 내향적인 사람도 더 적극적으로 참여할 수 있다.

내향적인 리더의 입장에서 회의를 주관할 때도 고민은 비슷하다. 해결책이 뚜렷하지 않은 안건에서는 의견을 어떻게 효과적으로 종합하고 결론을 도출하며, 실천 방안까지 마련할지 고민하게 된다. 조직 구성원 중 아무도 의견을 내지 않는 상황에서는, 리더의 머릿속이 더욱 복잡해지기 쉽다.

하지만 생각 정리 훈련이 된 리더는 머릿속의 복잡함을 체계적으로 다룰 수 있다. 생각이 깊어질수록 아이디어는 더 창의적으로 발전하고, 이를 간결하게 요약하고 전달할 수 있는 능력까지 갖추게 된다면, 복잡한 사안도 쉽게 풀어내는 전문가로 인정받는다. 회의에서 생각을 연결하고 요약하는 능력은 단순히 내용을 줄이는 것이 아니라, 본질을 꿰뚫는 힘이다. 이러한 능력은 경험이 쌓이면서 타인의 복잡한 말과 행동 속에서도 핵심을 포착하고 조율하는 리더십으로 이어진다.

생각 정리 습관은 인정받는 지름길

생각 정리를 습관화한 사람은 연륜이 더해지면서 자신의 경험과 배움을 체계적인 지식 자산으로 정리할 수 있다. 이는 후배에게 멘토링을 제공하거나, 조직 내 문제 해결사로 중요한 역할을 수행하는 기반이 된다. 실제 사례를 보면, 마케팅 부서의 한 선배는 자사의 캠페인 성공과 실패 사례를 연도별로 정리하고, 각 사례별 성공 요인과 실패 요인을 분석한 바 있다. 자료를 수집하고 정리한 후 공통적으로 나타나는 요소를 도출해, 다른 구성원들이 동일한 실수를 피할 수 있도록 활용했다.

생각을 정리하는 사람은 감정적 반응보다 논리적 대응에 익숙하며, 직무 경험이 쌓일수록 갈등 상황이나 위기 상황에서도 흔들리지 않는 안정감을 보여준다. 이러한 태도는 리더십에 대한 신뢰의 기반이 된다. 즉, 생각을 정리할 줄 아는 것은 감정과 사고를 분리해 성숙하게 대응할 수 있는 능력을 갖추었다는 의미다. 또한 깊이 있는 사고에 요약정리 능력이 더해지면, 한마디 말로도 신뢰를 얻는 사람이 된다. 생각 정리는 단순한 정보 정리의 기술이 아니라, 지혜와 영향력을 배가시키는 '지적 근력'이다.

2
생각하는 법을 키우자

사고의 깊이가 필요한 시대

현대 업무 환경은 복잡하고 예측하기 어렵다. 이제는 빠른 해결책보다, 올바른 질문을 던지고 본질을 파악하는 능력이 중요한 역량으로 떠오르고 있다. 내향적인 성향은 이런 사고 중심 업무에서 강점을 가진다. 깊이 사고하는 사람은 상황에 맞게 해결 방식을 재설계하고, 즉흥적 반응보다 맥락 기반의 대응을 하므로 신뢰와 안정감을 준다.

필자의 20년 직장 생활 경험을 돌아보면, 매니저마다 문제를 해결하는 방식이 달랐다. 어떤 이는 결정이 지연되기도 했고, 어떤 이는 논리대로 빠르게 결정을 내렸다. 본질을 꿰뚫는 사고를 바탕으로 근본 문제를 해결하면서도, 상황에 맞춰 신속하게 판단하고 행동하는 모습은 큰 도움이 되었다. 결국, 깊이 있는 사고와 신속한 상황 대응력이 균형 있게 갖춰진다면, 리더십은 더욱 만개할 수 있다.

내향형 직장인의 강점은 깊은 집중력, 관찰력, 청취 능력, 감정적 안정성에서 오는 신중한 판단, 그리고 본질을 파악하려는 사고 중심 성향이다. 이러한 강점을 기반으로 사고를 우선시하는 업무 루틴을 만들고 실천하는 것이, 변화와 불확실성이 큰 시대에 신뢰받는 전문가로 성장하는 핵심이다.

문제의 본질을 보는 힘

오늘날 우리는 문제를 정확히 바라보고 새롭게 정의하는 능력이 그 어느 때보다 중요한 시대에 살고 있다. 진정한 해결책은 깊이 있는 사고에서 나오며, 타인의 관점과 다양한 데이터를 함께 살펴야 통찰과 균형 잡힌 판단이 가능하다.

AI가 정보를 빠르게 분석하고 의견을 제시할 수 있는 시대지만, 인간은 즉흥적 판단이나 감정에 휘둘린 결정을 경계해야 한다. 비슷한 문제가 반복될 때 표면적으로만 접근한다면, 조직과 개인 모두 창의적 사고와 전략적 시야를 잃기 쉽다.

실력 있는 내향형 직장인은 문제를 단순히 해결하려 하기보다, 먼저 문제를 어떻게 바라볼 것인지 고민한다. 그들은 속도보다 방향과 의미를 중시하며, 이를 통해 조직 안에서 전략가로 성장할 가능성이 높다. 사고하는 습관은 단기적 대응보다 오래가는 실력을 만들어낸다. 문제를 구조화하고 의미를 찾아내는 능력은 업무 수행력뿐 아니라 새로운 환경에 적응하는 힘에도 긍정적인 영향을 준다. 이러한 태도는 단기적 성과를 넘어, 조직의 장기적 방향을 함께 고민하며 전략적으로 움직이는 리더십으로 이어진다.

강력한 사고의 시작은 포용력이다

깊이 있는 사고는 중요하지만, 넓은 시야와 다양한 관점을 결합할 때 더욱 강력해진다. 내향적인 직장인은 혼자 깊이 생각하는 성향이 강하지만, 다른 사람의 시각과 경험, 데이터를 함께 고려할 줄 알 때 문제를 보다 입체적으로 이해할 수 있다.

예를 들어, 프로젝트를 검토할 때 자신의 분석뿐 아니라 팀원의 의견, 다른 부서의 경험, 과거 유사 사례를 함께 살펴보면 예상치 못한 변수와 새로운 해결책을 발견할 수 있다. 이러한 과정은 사고의 폭을 넓히고, 단순한 깊이가 아니라 깊이와 폭이 결합된 통찰력으로 이어진다.

또한 사고를 확장하는 과정에서 중요한 점은 편향을 경계하고 가정에 도전하는 것이다. 기존의 경험이나 익숙한 방식만으로 문제를 정의하면, 깊게 생각해도 본질을 놓치기 쉽다. 의도적으로 다양한 시나리오를 가정하고 질문을 던지는 습관은 내향형 직장인이 전략적 사고를 기르는 핵심 방법이다.

결과적으로, 단순히 문제를 깊게 보는 능력을 넘어, 폭과 유연성을 갖춘 사고력이 조직 내에서 신뢰받는 전략가로 성장하는 기반이 된다.

3
당신은 반대로 일하고 있다

선택과 집중, 무엇을 그만둘지 결정하라

내향적인 직장인은 혼자 깊이 사고하며 철저히 준비하는 것을 선호한다. 그러나 직장 생활은 늘 새로운 업무와 요청, 회의로 가득 차 있어, 모든 일을 다 해내야 한다는 압박을 느끼기 쉽다. 그 결과 중요한 일에 집중하지 못하고, 해야 할 일이 계속 쌓이는 경우가 많다.

이런 상황에서 지치지 않고 성과를 내기 위해서는 업무의 선택과 집중이 필수적이다. 필자 역시 과거에는 모든 업무를 처리하려다 과부하를 겪었고, 체력과 업무 효율이 동시에 떨어지기도 했다.

결국 깨달은 핵심 전략은 우선순위를 정하고, 무엇을 그만둘지 명확히 결정하는 것이다. 예를 들어, 필자의 경우 작은 외부 제안서 작업을 과감히 포기하고 팀 보고서 작성에 집중함으로써 상사에게 강한 인상을 남길 수 있었다. 많은 업무가 동시에 몰릴 때는, 무엇을 할지를 고민하기보다 무엇을 그만둘지를 결정하는 능력이 훨씬 더 중요하다.

실현 가능성과 파급 효과를 우선 고려하라

내향인은 타인의 기대를 저버리지 않으려 하고, 거절이나 의견 표현을 주저하는 경향이 있다. 이 때문에 중요하지 않은 일까지 스스로 떠맡는 경우가 많다. 따라서 명확한 우선순위 기준과 업무 선별 능력이 필수적이다.

업무를 처리할 때는 실현 가능성과 파급 효과를 기준으로 판단한다. 실행 가능성이 높고 영향력이 큰 업무는 즉시 진행하고, 실행 여건과 영향력이 모두 낮은 업무는 협업을 통해 처리하거나, 후순위로 미루거나, 과감히 포기하는 것이 바람직하다. 이렇게 하면 감정에 휘둘리지 않고 논리적 기준으로 업무를 정리할 수 있다.

업무 우선순위는 다음과 같이 세 단계로 나누어 판단하면 보다 명확해진다.

1단계: 실현 가능성

현재의 시간, 에너지, 자원으로 감당할 수 있는 일인지 판단한다. 좋은 기획이라도 실행 여건이 갖춰지지 않은 업무는 과감히 보류한다. 조직 구성원이라면 모든 업무를 미루기는 어렵지만, 후순위로 조정할 업무를 판단하는 기준으로 활용할 수 있다.

2단계: 파급 효과

업무가 조직이나 개인에게 미치는 영향은 어느 정도인가를 살핀다. 작은 노력으로 큰 효과를 낼 수 있는 업무라면 우선순위에 두자. 기한이 겹치는 업무를 처리하는 가운데, 짧은 시간 내에 가시적인 성과를 낼 수 있는 프로젝트는 직장인에게 '톡톡 터지는 비타민' 역할을 한다. 이런 경험은 다른 업무에 대한 동기부여로 이어지기도 한다.

3단계: 개인의 목표와 방향

업무가 자신의 성장 목표나 장기 전략과 부합하는지 판단한다. 모든 업무가 개인 목표와 완벽히 일치할 수는 없지만, 자신의 경력 개발 목표와 방향이 맞는 업무는 동기부여를 높이고 효율적인 성과를 이끌어낸다. 남의 기대에 끌려 억지로 수행하는 상황인지 아닌지를 객관적으로 판단하는 것이 중요하다.

'그만두는 것'은 실패가 아닌 전략이다

책임감이 강하고, 맡은 업무는 끝까지 해내려는 경향이 있는 내향인은 어떤 일을 중단하는 결정을 내리기가 감정적으로 어려울 수 있다. 그러나 직장에서 업무를 내려놓는 것은 결코 실패가 아니다. 오히려 선택과 집중의 전략이며, 자신의 에너지와 시간을 가장 중요한 일에 투자하기 위한 용기 있는 결정이다.

때로는 '하지 않음'이 최고의 전략이 되기도 한다. 물론, 업무를 회피하라는 의미는 아니다. 업무를 배분하거나 공유하여 처리할 수 있다면 주변의 도움을 받는 것이 현명하다. 진정한 내향인의 힘은 모든 일을 다 해내는 데서 나오는 것이 아니다. 자신이 해야 할 일을 명확히 인식하고, 그 일에 조용히 몰입할 줄 아는 데서 나온다.

에너지가 한계점에 도달했다면, 분산된 에너지를 핵심 업무에 집중함으로써 더 나은 성과와 심리적 안정을 얻을 수 있다. 결국, 그만두는 결정은 패배가 아니라 전략이다.

4
시간을 지배하는 자, 성과를 만든다

시간 관리로 경쟁력을 키우자

내향적인 사람에게 에너지 관리는 곧 성과 관리와 직결된다. 혼자 있는 시간을 회복과 정리의 시간으로 활용하고, 여러 업무에서 불필요한 감정과 에너지 소모를 줄이는 전략적 시간 관리는 직장 생활의 성패를 결정짓는다.

직장 내 인간관계에서 경쟁하기보다, 시간 활용을 통한 성과 경쟁으로 승부해야 한다. 치열한 조직 환경에서 자신의 실력을 쌓고 경쟁자를 능가하려면, 단순히 바쁘게 움직이는 것이 아니라 시간을 전략적으로 설계하는 능력이 필수적이다.

주어진 시간에 따라 업무 과정을 구조화하고 루틴화하면 에너지 낭비를 최소화하면서 능력 이상의 성과를 달성할 수 있다. 다시 말해, 시간을 효율적으로 관리하는 능력 자체가 경쟁력이 되는 환경을 만들어내는 것이 핵심이다.

몰입도 높은 하루를 디자인하라

현대 직장에서는 다양한 업무와 요청이 끊임없이 밀려오며, 집중할 시간을 확보하는 것이 쉽지 않다. 내향적인 직장인에게 몰입과 성과는 단순한 노력 이상의 전략이 필요하다. 하루 중 방해 요소가 적고 자신의 사고를 최대한 발휘할 수 있는 시간을 설계하는 것이, 업무 효율과 장기적 성과를 좌우한다.

1. 몰입도가 높은 황금 시간을 활용하자

직장인의 하루는 회의, 메일, 동료의 질문, 급한 요청 등으로 시작부터 분주하다. 특히 내향적인 사람에게 이런 갑작스러운 흐름은 에너지 소모가 크다. 따라서 몰입할 수 있는 환경을 만드는 것이 중요하다. 아무에게도 방해받지 않는 조용한 아침 시간은 목표 지향적인 업무를 수행하며 성과를 내기 위한 전략적 공간이다. 이 시간에는 내향인이 가진 집중력과 사고의 깊이를 최대한 활용할 수 있다. 밤에 더 집중이 잘 되는 사람도 있을 수 있지만, 하루 동안 누적된 피로와 장기적인 에너지 관리 측면에서 아침 시간은 전략적으로 더 유리하다.

2. 우선순위 중심으로 하루를 설계하라

많은 직장인이 하루 종일 바쁘게 일한 뒤, 퇴근 무렵에 중요한 일을 놓치곤 한다. 그 이유는 중요한 일은 뒤로 미루고, 급한 일 처리에만 몰두했기 때문이다. 해결책은 우선순위를 명확히 설정하고 하루를 설계하는 것이다. 필자는 출근 시간보다 1~2시간 일찍 도착해 조용한 환경에서 오늘의 업무 목표를 구체적으로 설정하고, 우선순위가 높은 업무부터 몰입하여 진행한다. 이때 외부 자극을 차단하고, 자신의 업무 흐름을 주도하는 감각을 회복하는 것이 핵심이다. 아침 시간을 전략적으로 활용하면 하루 전체 업무 흐름도 체계적으로 관리할 수 있다.

3. 업무에 방해받지 않는 시간을 설정하자

회사에서 밀려오는 업무 요청을 모두 처리하며 무언가에 집중하는 것은 사실상 불가능하다. 따라서 몰입이 필요한 시간에는 의도적으로 방해를 차단해야 한다. 필자는 메신저에서 '회의 중' 또는 '방해 금지' 상태를 설정해 업무 몰입도를 높인다. 내향적인 성향을 가진 사람들은 조용한 환경에서 집중하는 습관을 쌓음으로써 경쟁력을 확보할 수 있다. 이렇게 확보된 몰입 시간은 하루 일과를 효율적으로 운영하고, 팀과 조직 내에서 의미 있는 결과를 만드는 기반이 된다.

살아있는 시간으로 성과를 달성하라

내향적인 직장인은 아이디어를 다듬고 의견을 정리하는 데 시간이 필요하다. 따라서 체계적인 시간 관리가 업무 성과를 좌우한다. 여러 업무가 동시에 진행되는 환경에서도, 충분한 검토와 마무리를 거칠 수 있는 사람이 창의적이고 명확한 결과물을 만들어낸다. 또한, 과거 업무 결과를 유기적으로 활용하는 능력도 중요하다. 이전에 작성한 자료를 참고하면 반복 업무를 줄이고 효율적으로 처리할 수 있다. 한 번 수행한 업무를 잊지 않고, 현재 진행 중인 업무와 연결해 활용하는 습관은 생산성을 높이고 업무 능력을 차별화하는 핵심 전략이다.

이와 같이 시간을 지배하는 사람만이 일을 주도할 수 있다. 한정된 시간을 어떻게 설계하고 활용하느냐에 따라 같은 하루라도 결과는 완전히 달라진다. 시간을 관리한다는 것은 단순히 일정을 맞추는 일이 아니라, 자신의 에너지와 사고를 가장 가치 있게 사용하는 일이다.

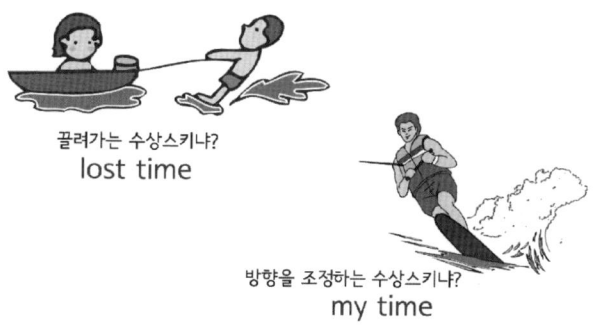

능동적으로 사용하는 시간은 진정한 '나의 시간' 이 된다. 마치 방향을 자유롭게 조정하는 수상스키처럼, 내 시간을 마음껏 즐기는 순간이 가장 행복하다

4장 생각의 힘은 실천의 원동력이다

5
업무의 주인이 되어라

업무 진척 상황을 수치화하라

내향적인 직장인은 신중하면서도 한번 시작한 일은 끝까지 완수하려는 의지가 강하다. 말로 조직을 이끄는 대신, 결과로 신뢰를 쌓으며 눈에 띄지 않게 움직이지만, 실질적인 성과를 내는 내향형 실천가라 할 수 있다. 바쁘게 돌아가는 직장 생활 속에서 이들이 높은 수준의 실행력을 유지하려면 어떻게 해야 할까?

내향성이 강할수록 감정적 압박에 영향을 받을 수 있으므로, 업무마다 명확한 기준을 갖고 판단하는 것이 중요하다. 예를 들어, 현재 수행 중인 업무가 이번 주 목표에 얼마나 기여하는지, 결과가 자신과 팀에 어떤 영향을 미치는지 스스로 질문하며 중심을 잡는 것이다.

내향인의 강점은 체계적이고 계획적인 태도다. 이를 실행력으로 연결하려면 업무별 진척도를 수치화하고, 업무를 구체적 행동 단위로 세분화해야 한다. 예를 들어, '기획서 작성'이라는 막연한 업무 대신, '기획서 개요 작성', '경쟁사 자료 수집'처럼 구체적 행동으로 나누는 것이다. 이렇게 하면 내향인의 완벽주의 성향을 조절하면서, 작은 목표부터 부담 없이 실행할 수 있다.

능동성이 성과 기회를 만든다

직장 생활을 하다 보면 반드시 수행해야 하는 필수 업무가 있다. 중요한 업무는 당연히 완수해야 하고, 프로젝트성 과제도 마찬가지다. 그러나 완벽한 결과를 위해 부가적으로 처리해야 하는 업무들은 나중에서야 비로소 알게 되는 경우가 많다.

우선순위 업무를 계획대로 끝낼 수 있다면, 이미 시간 관리와 업무 처리 능력의 기본 역량을 갖춘 셈이다. 그렇다면 이제 한 단계 더 나아가야 한다. 많은 신입사원과 중견 직장인처럼, 중요한 일은 먼저 처리하지만 선택적·자발적 업무에는 소홀하기 쉽다. 그 이유는 간단하다. 이러한 업무는 하지 않아도 큰 책임을 지지 않기 때문이다.

하지만 여기서 한 걸음 더 나아가야 한다. 모두가 필수라고 생각하는 업무 외에, 스스로 찾아 수행하는 업무야말로 개인 역량을 키우고 조직과 비즈니스를 성장시키는 진정한 기회다. 중요한 것은 단순히 해야 할 일을 채우는 것이 아니다. 업무를 능동적으로 수행하고, 이를 내가 시간의 주인이 되는 경험으로 바꾸는 것이다. 이렇게 하면 단순한 '일 처리'가 아니라, 자신만의 성과와 학습으로 연결되는 능동적 성장의 토대가 마련된다.

리더 이전에 업무의 주인이 되라

직장에서는 상사의 기대를 읽고 스스로 제안하며 행동하는 능력이 중요하다. 능동적으로 일하는 사람에게는 책임을 두려워하지 않는 용기가 필수다. 내향적인 직장인의 성실함은 주인의식이 결합될 때 진가를 발휘한다. '시킨 일'이 아니라 '내 일'이라는 관점으로 바뀌면, 업무의 범위와 결과물 모두 달라진다.

업무를 수행할 때는 이 업무의 목적, 내가 맡은 이유, 상사의 기대, 그리고 내가 더할 수 있는 가치를 함께 고민해 보자. 이러한 질문을 스스로 던지는 사람은 단순히 지시받은 일을 수행하는 사람에서, 업무를 주도하는 사람으로 인식된다.

작은 습관이 일을 끝낸다

업무를 처리할 때 하고 싶은 마음이 생기기를 기다리지 말라. 대신, 해야 할 일을 명확히 정하고, 업무 점검을 규칙적으로 자동화하는 시스템을 만들자. 이렇게 하면 마음이 따라오기를 기다리느라 시간을 허비하지 않고, 더 빠르고 안정적으로 성과를 만들어낼 수 있다. 예를 들어, 매주 월요일 오전을 리포트 작성 시간으로, 하루 한 번을 상사에게 업무 보고 하는 시간으로 정해두는 식이다. 작은 반복 루틴을 쌓으면, 감정 기복에 흔들리지 않고 꾸준히 일하는 리듬이 만들어진다. 이 꾸준함이 직장 내에서 성과를 만드는 신뢰로 이어진다.

일을 끝내는 힘은 '습관'에서 시작된다. 일단 시작한 일은 반드시 정리하고 마무리하는 습관을 들여야 한다. 중간에 흐지부지 넘어가면, 다음 업무에도 영향을 미치기 쉽다. 특히 내향인은 조용히 넘어가기 쉬운 성향이 있어, 현재 업무에 대한 공유와 상황 정리가 중요하다.

업무 마무리 과정에는 데드라인 설정, 보고 계획, 결과 정리 방법, 평가를 포함시키자. 이런 체계를 갖추면 자신의 업무 영역을 명확히 보여줄 수 있어, 누구나 인정할 수밖에 없는 직장인이 될 수 있다. 작은 습관 하나가 쌓이면, 업무 완성도와 자신감도 자연스럽게 따라온다.

결국 신뢰는 '일의 질'에서 비롯된다. '이 사람에게 맡기면 된다'는 평판을 쌓고, 말없이 조직을 움직이는 존재감 있는 사람이 되려면 이러한 노력과 습관이 필수적이다. 업무 보고 시에는 배경, 내가 수행한 일, 결과, 후속 제안까지 포함하는 습관을 들이자. 이러한 과정을 반복하면, 업무를 끝내는 능력이 자연스럽게 쌓인다. 작은 성공 경험을 지속적으로 만들어 나가면, 실수에 민감하거나 실패에 오래 머무르는 상황도 극복할 수 있다. '나는 해낼 수 있다'는 자기 확신을 갖게 되면, 신뢰받는 실천가로 성장할 수 있다.

6
열정보다는 시스템으로 일하라

열정보다는 시스템이 오래 간다

생각을 정리하는 습관이 몸에 밴 직장인은 이미 일의 흐름 속에서 체계를 갖춘 사람이다. 특히 중요한 것은 개인의 선호나 감정에서 비롯된 동기보다, 업무의 객관적 중요도를 기준으로 일하는 것이다. 잠깐의 열정보다 오래 지속되는 시스템을 구축해야 하는 이유가 여기에 있다.

목표를 이루기 위해 긍정적인 분위기를 조성하거나 동기부여의 말을 주고받는 일은 분명 도움이 된다. 열정은 불씨처럼 순간적으로 강한 추진력을 줄 수 있지만, 쉽게 사그라질 수 있는 에너지다. 반면, 시스템은 개인의 컨디션이나 의지와 관계없이 일정한 성과를 꾸준히 만들어낸다.

업무 시스템이 잘 갖춰진 조직은 특정한 개인의 역량이나 열정에 의존하지 않는다. 누구든 같은 기준에 따라 일을 수행해도 기대 이상의 결과를 낼 수 있도록 구조가 설계되어 있다. 다시 말해, 사람이 아니라 시스템이 일하는 조직이다.

시스템은 조직의 객관성과 예측 가능성을 높인다. 일시적인 열정에 의한 실행은 주관적 판단과 감정적 결정을 동반하기 쉽지만, 체계적인 시스템은 명확한 절차와 기준을 제공해 조직 내 혼란과 갈등을 줄인다. 그 결과, 업무의 일관성과 안정성이 자연스럽게 확보된다.

또한, 시스템이 갖춰진 조직은 문제 발생 시 신속하게 개선하고 학습할 수 있다. 즉흥적인 실행은 실패의 원인을 파악하기 어렵고, 같은 실수가 반복될 가능성이 크다. 반면, 체계적인 시스템은 명확한 프로세스를 바탕으로 원인을 분석하고 재발을 방지할 수 있다.

결국 조직의 지속적인 성장은 소수의 순간적인 열정보다, 꾸준히 작동하는 시스템의 힘에서 비롯된다. 단단한 시스템이 구축된 조직은 개인의 의지에 흔들리지 않고, 예측 가능하면서도 안정적인 성과를 지속적으로 만들어낼 수 있다.

시스템 기반 운영, 월드컵 예선 조 1위로 이끌다

일본 2-1 독일, 일본 2-1 스페인, 일본 1-1 크로아티아 (PK 1-3).

이것은 2022년 카타르 월드컵에서 일본 남자 축구대표팀이 유럽 강호들을 상대로 기록한 스코어다.

당시 일본 대표팀은 눈에 띄는 스트라이커가 없다는 평가를 받았음에도, '죽음의 조'라 불린 E조에서 독일과 스페인을 모두 꺾고 조 1위로 16강에 진출했다. 비록 16강전에서 2018년 월드컵 준우승 팀인 크로아티아에 승부차기 끝에 패했지만, 일본은 조직적인 수비와 후반전 압박 타이밍의 정교한 운영으로 전 세계의 주목을 받았다. 대회를 거듭할수록 일본 대표팀은 주전과 교체 선수 간의 기량 격차를 최소화하며, 다양한 전술 시나리오를 유기적으로 구사했다. 그 결과 팀 전체가 하나의 살아 있는 시스템처럼 작동하는 모습이 두드러졌다.

이들의 성공은 우리에게 한 가지 질문을 던진다. 일본 남자 축구대표팀의 시스템 기반 운영에서 우리는 무엇을 배울 수 있을까?

당시 모리야스 하지메 감독은 전형적인 카리스마형 리더가 아니었다. 그러나 그는 팀 전체가 개인의 재능이 아닌 '조직의 힘'으로 움직이도록 설계했다. 변수가 발생해도 플랜 B, 플랜 C가 자연스럽게 작동할 수 있도록, 선수들은 자신들의 역할을 정확히 이해하고 시스템 안에서 움직였다. 이 팀의 승리를 이끈 원동력은 뜨거운 열정이 아니라, 치밀하게 설계된 시스템과 루틴이었다. 감독이 직접 분위기를 주도하지 않아도, 전술의 명확성·역할의 일관성·팀 내 신뢰의 구조가 일본 축구를 움직였다.

그 흐름은 현재진행형이다. 2026년 북중미 월드컵을 앞두고 열린 2025년 10월 일본과 브라질의 평가전에서, 일본은 후반전에만 3골을 몰아넣으며 3대 2로 역전승을 거두었다. 평가전은 어디까지나 실전 경험을 쌓기 위한 과정이지만, 세계 최강 브라질을 상대로 자신들만의 축구를 구현할 수 있었던 힘 역시 체계적인 시스템 운영에서 나왔다.

시스템이 신뢰를 만든다

의욕이나 순간적인 추진력은 쉽게 사라진다. 의욕 중심의 업무 진행은 리더가 지속적으로 동기부여를 하거나 강하게 이끌어야만 유지되는 경우가 많다. 반면, 시스템이 갖춰진 조직은 반복 가능한 구조 속에서 일관된 방향으로 꾸준히 목표를 향해 나아간다.

업무는 결국 사람이 수행하는 일이기에, 구성원의 컨디션이나 감정, 조직의 분위기에 따라 성과의 변동이 생길 수밖에 없다. 그러나 시스템은 이러한 감정적 요인과 판단의 편차, 기억의 한계를 보완해 준다.

시스템이 잘 구축된 조직에서는 리더가 자리를 비워도 구성원들이 자율적으로 업무를 이어갈 수 있는 안정성이 확보된다. 즉, 시스템 기반의 리더십은 공정성과 일관성을 바탕으로 구성원을 지원하고, 구성원들은 리더의 기분이나 감정 변화에 흔들리지 않으며 심리적 안정감 속에서 일할 수 있다.

시스템은 단순한 절차가 아니라 신뢰를 유지하는 구조

다. 개인의 역량이나 감정에 의존하지 않고도 예측 가능한 결과를 만들어내기 때문에, 구성원들은 서로를 믿고 협업할 수 있다. 결국, 신뢰는 사람의 말이 아니라 시스템이 만든다.

5장

조용하지만 강력한 실행력

1
날개 달린 호랑이가 되어라

날개 달린 호랑이가 되자

내향인은 변화를 꺼리고 생각이 많다는 특성 때문에 실행력이 다소 부족해 보일 때가 있다. 그러나 실행력만 더해진다면, 내향인의 공감 능력과 직관이라는 장점이 실천력과 결합되어 강력한 힘을 발휘할 수 있다.

내향인은 생각이 많다. 그래서 자신의 생각을 구조화하는 능력이 무엇보다 중요하다는 점을 앞서 강조했다. 이번 장에서는 그 구조화된 생각을 실제 행동으로 옮기기 위한 전략을 이야기하고자 한다.

프로젝트를 시작할 때면, 필자의 머릿속에는 언제나 아이디어가 떠오르고 다음 단계의 계획이 자연스럽게 그려졌다. 하지만 문제는 실행 속도였다. 계획은 빠르게 세워도, 실제 행동으로 옮기는 데는 시간이 걸렸다.

'혹시 더 나은 방법이 있지 않을까? 지금 시작하면 완성도가 떨어지지 않을까?' 하는 생각이 꼬리를 물며, 종종 진행 중인 업무의 속도를 늦추곤 했다. 그때 실행력이 뛰어난 상사가 이렇게 조언해 주었다.

"불완전하더라도 일단 시작하라. 시행착오를 겪으며 보완해 가는 과정이 곧 결과를 완성시킨다."

처음에는 억지로 떠밀리는 듯한 기분이 들었지만, 실제로 경험하면서 '진행 중에 수정하며 완성해 가는 일의 방식'을 배우게 되었다. 그 경험은 생각을 실행으로 옮기는 전환점이 되었다.

생각을 정리하고, 적절한 시점에 행동으로 옮길 줄 아는 내향인은 마치 날개 달린 호랑이와 같다. 고민만으로는 해결되지 않던 문제도 직접 부딪히고 배우는 과정에서 귀중한 통찰을 얻을 수 있다.

내향적인 사람은 신중하게 생각하는 태도 덕분에 전략을 세우는 데 강점을 가진다. 일의 전후 맥락을 파악하고, 조직 내 갈등을 최소화할 방법을 먼저 고민하기 때문에 실수가 적고 치밀하다. 그러나 이러한 장점이 때로는 실행력을 가로막는 족쇄가 되기도 한다. 완벽하지 않으면 시작하지 않으려 하거나, 감당하기 어려운 일은 아예 시도하지 않으려는 태도는 결국 소중한 기회를 놓치게 만든다.

실행력은 사고의 확장이다

많은 내향 직장인에게 공통적으로 나타나는 특징 중 하나는 빠른 실행력이 쉽지 않다는 점이다. 이를 갖추기 위해서는 변화에 대한 유연한 사고가 필요하다. 하지만 내향적이면서 고집이 센 경우, 사고의 유연성을 발휘하기 어렵다. 이럴 때는 실행력이 강한 동료나 선배와 함께 일하며 배우고, 그들의 방식을 수용하며 변화를 시도해 보는 경험이 큰 도움이 된다. 이렇게 조금씩 변화를 받아들이면서 실행력을 키울 수 있다.

계획성이 철저한 내향 직장인에게는 자존심이 때로 실행

을 가로막는 큰 장벽이 되기도 한다. 자신의 계획이 가장 논리적이고 최선이라고 확신할수록, 다른 사람이 계획을 바꾸거나 새로운 접근 방식을 제안하면 쉽게 받아들이기 어렵다. 수용성이 부족하면 타인의 의견이 방해물처럼 느껴지기도 한다. 여기에 고집까지 더해지면, 조직 안에서 혼자가 된 느낌을 받을 수도 있다. 그러나 이 과정을 인식하고 조금씩 타인의 시각을 받아들이는 연습을 한다면, 당신은 영향력 있는 내향형 리더이자 빠르고 안정적인 실행력을 갖춘 구성원으로 성장할 수 있다.

내향 직장인이 실행력과 수용성을 동시에 갖추면, 그 모습은 마치 '날개 달린 호랑이'와 같다. 날 수 없는 호랑이는 정글 속에만 갇혀 있지만, 날개 달린 호랑이는 하늘에서도 위용을 펼친다. 조용하지만 날카로운 사고력, 신중하지만 민첩한 행동력, 고집 대신 유연한 수용성—이 세 가지가 어우러질 때, 당신은 더 이상 몽상가에 머무르지 않는다. 내면의 힘에 실행력이 더해져, 변화의 중심에서 영향력을 발휘하는 존재가 된다.

지금 이 글을 읽고 있는 당신에게 전하고 싶다. 실수를 두려워하지 말고, 단계적으로 한 걸음씩 내딛어라. 실행력은 당신에게 날개를 달아주는 힘이다.

2
꾸준한 실행력, 조직을 움직이다

묵묵한 실행이 조직을 이끌다

회사에서 일을 하다 보면 누구나 하기 싫은 일과 마주하게 된다. 이때, 그런 일을 묵묵히 해내는 내향인의 실행력은 조직에 긍정적인 변화를 가져온다. 내향인은 과도한 인정 욕구를 기대하기보다 조직의 이익을 우선시하며, 맡은 일을 조용히 완수한다. 그 과정에서 미처 발견되지 않았던 업무의 필요성을 드러내기도 하고, 결과적으로 주변의 신뢰와 존중을 얻는다. 이렇게 발휘되는 내향인의 실행력은 조직의 분위기를 바꾸고, 구성원들의 사기와 몰입을 높이는 힘으로 작용한다.

이러한 실행력의 대표적 사례로 꼽히는 선수가 바로 전 맨체스터 유나이티드의 박지성이다. 2005년, 그는 네덜란드 PSV 아인트호벤에서 맨유로 이적했다. 당시 맨유에는 웨인 루니, 크리스티아누 호날두 같은 스타 선수들이 즐비했다. 그러나 팀에는 묵묵히 헌신하며 전술을 완벽히 수행할 선수가 필요했다. 박지성은 바로 그 공백을 메우며, 눈에 띄지 않지만 경기의 흐름을 바꾸는 전술형 플레이어로 자리 잡았다.

박지성을 영입한 알렉스 퍼거슨 감독은 그를 이렇게 평가했다.

"박지성은 기술보다 지능, 체력, 그리고 팀을 위한 헌신으로 경기의 균형을 가져오는 선수다."

그는 바르셀로나, 첼시, 아스널 같은 강팀을 상대로 세계적 스타들을 전담 마크하며 감독의 전략을 완벽히 수행했다. 눈에 띄는 화려한 플레이는 없었지만, 공수 양면을 오가며 팀의 리듬을 조율하는 보이지 않는 힘이 됐다.

이런 헌신적인 플레이 덕분에 그는 '세 개의 심장을 가진 사나이', '보이지 않는 영웅(Unsung hero)'이라는 별명을 얻었다. 박지성은 화려함보다 꾸준함, 자기 과시보다 묵묵한 실행의 가치를 전 세계 축구 팬들에게 각인시켰다.

소리 없는 리더십의 본질

주장 완장이 없어도 팀 동료 선수들은 그의 움직임을 자연스럽게 따랐다. 박지성은 경기 중 지시나 호통 대신, 끊임없는 움직임과 일관된 태도로 동료들에게 신뢰를 주었다. 그의 플레이는 팀 문화를 '스타 중심'에서 '시스템 중심'으로 바꾸었다. 여기서 전달되는 메시지는 명확하다. 리더십은 목소리보다 행동으로 증명된다.

그의 헌신적인 자세는 조직의 균형을 잡았고, 뛰어난 전술 이해력은 변화에 빠르게 적응하는 힘이 되었다. 맡은 바를 묵묵히 완수하는 태도는 동료들에게 심리적 안정감과 신뢰를 제공했다.

박지성의 사례는 내향형 직장인에게 큰 시사점을 준다. 말보다 행동으로 팀의 에너지를 끌어올리고, 실행력으로 조직 문화를 바꿀 수 있음을 보여준다. 리더십은 반드시 목소리를 높여야 발휘되는 것이 아니다. 조용히 맡은 일을 끝까지 완수하고, 자신의 위치에서 헌신하는 태도야말로 조직을 움직이는 진정한 실행력이다.

3
내적 동기의 재발견

동기부여의 재정의

우리는 흔히 목표를 이루기 위해 '채찍과 당근'이 필요하다고 말한다. 그러나 많은 사람들이 '당근'을 외부 보상으로 오해하곤 한다. 특히 내향적인 직장인에게는, 동기부여를 내적 가치와 의미를 기준으로 재정의할 필요가 있다.

직장 생활 중 "이 업무를 왜 빠르게 진행하기 어려울까?"라는 질문을 스스로 던진 경험이 있을 것이다. 내향적인 사람은 일을 받았을 때 자연스럽게 이렇게 묻는다.

- "이 일은 왜 중요한가?"

- "이 일을 통해 내가 얻는 의미는 무엇인가?"

즉, 내면의 가치를 기준으로 충분한 이유를 찾은 후 실행하는 경향이 있다. 따라서 자신에게 동기부여가 되는 순간을 인식하는 것이 중요하다.

내향적인 사람들은 다음과 같은 상황에서 특히 동기부여가 강하게 발생한다.

- 혼자 있는 시간에 가치 있는 목표를 설정할 때
- 자신의 성장이나 성취를 체감힐 때
- 진심 어린 인정과 신뢰를 받을 때
- 반복적인 업무 속에서도 의미를 발견할 때
- 정돈된 환경에서 질서와 생산성을 경험할 때

사례

한 IT 스타트업의 내향형 개발자 A 씨는 팀에서 주목받는 일이 많지 않았다. 하지만 그는 스스로 성장 목표를 세우고, 매일 코드 최적화 작업을 진행했다. 눈에 띄는 칭찬은 없었지만, 자신의 성장을 체감하며 동기부여를 얻었고, 결국 팀 전체 성과를 크게 향상시키는 핵심 기여자가 되었다.

진정한 실행력 강화 전략

미국 메이저리그 감독들이 데이터에 따라 선수 교체를 결정하는 플래툰 시스템(platoon system)과 마찬가지로, 직장에서도 업무 환경과 상황은 끊임없이 바뀐다. 그러나 능력 있는 사람은 환경과 상관없이 일관된 성과를 낸다. 회사는 개인의 흥미보다 문제 해결 능력과 결과를 중시한다. 따라서 개인의 동기부여는 스스로 관리하고 완성해야 할 과제이다.

사례

B씨는 프로젝트 마감 직전에 새로운 데이터 분석 툴 사용을 요구받았다. 처음에는 익숙하지 않아 당황했지만, 그는 업무 의미를 '팀의 문제 해결 능력 향상'으로 재정의하고, 매일 팀원들과 함께 30분씩 연습하며 적응했다. 결과적으로 프로젝트는 성공적으로 완료되었고, B씨는 새로운

기술을 습득하며 개인적 성장까지 얻었다.

　개인적인 동기부여 과정은 직장뿐 아니라 인생 전반에 걸쳐 성과의 차이를 만든다. 아래 전략들을 꾸준히 실천하면, 내적 동기와 실행력이 강화되어 업무 성과와 몰입도가 모두 달라진다.

- 일의 목적을 '회사의 기대'가 아닌 '나의 성장'으로 재정립하라.
- 내적 동기(일의 의미, 성취감)와 외적 동기(칭찬, 성과급)를 함께 설계하라.
- 업무를 작은 단계로 나누는 스몰 스텝 전략을 활용하라.
- 업무별 시나리오를 미리 준비하라("만약 ~하면, 나는 ~한다" 식).
- 꾸준함과 몰입도를 높이는 업무 루틴을 설계하라.
- 실행하며 의미를 찾는 유연한 태도를 가져라(실패를 배움의 과정으로 받아들인다).
- 나만의 업무 예열 과정을 만들어라.

내적 활력자본을 발견하고 강화하면, 내향형 직장인도 스스로 움직이는 힘을 얻는다. 실행력은 단순히 일을 끝내는 것이 아니라, 내면의 의미와 가치를 실현하는 과정이다.

"스스로 움직이는 힘, 그것이 진정한 실행력이다."

4

사고가 바뀌어야
실행이 달라진다

조직은 결과만 기억한다

현대 사회에는 여전히 "조용한 사람은 리더가 되기 어렵다"는 선입견이 존재한다. 그렇기에 내향적인 직장인에게 '자신의 존재 가치를 어떻게 어필할 것인가'는 늘 고민되는 부분이다.

조용히 성실하게 일했음에도 불구하고 승진이 늦거나, 인정받지 못한 경험이 있는가? "상사가 내 노력을 알아서 봐주겠지."라고 기대했지만, 현실은 다르다. 조직은 말보다 '임팩트 있는 결과'를 기억한다.

성과가 눈에 띄지 않으면, 당신의 노력은 흘러가는 정

보 속에 묻혀 사라진다. 리더의 머릿속에 각인되는 결과물은 많아야 한두 개뿐이다. 결국 중요한 것은 자신을 이해하고, 조직의 리더가 무엇을 중요하게 여기는지 파악하는 것이며, 이것이 곧 조직 안에서 자신의 존재 가치를 증명하는 길이다.

내향인을 위한 세 가지 마인드 전략

조용하지만 강한 실행력을 갖춘 내향적인 사람은 스스로의 사고와 태도를 정비하고, 이를 행동으로 옮기며 성과를 만들어간다. 그 과정에서 유용한 마인드 전략은 크게 세 가지다.

첫째, 자기관리 능력을 강화하라. 내향적인 사람의 강점 중 하나는 외부 자극에 흔들리지 않는 자기관리 능력이다. 변화의 흐름 속에서도 자신만의 리듬과 기준을 유지하는 것이 중요하다. 감정 조절, 시간 관리, 회복탄력성은 자기관리의 핵심 요소다.

감정을 조절할 줄 아는 사람은 타인의 감정을 이해하고 조직 내 갈등을 조율하는 힘으로 이를 연결할 수 있다. 감정을 기록하고, 호흡과 명상을 통해 마음을 안정시키며, 신뢰할 수 있는 소통망을 확보하거나 작은 성취를 통한 자기 보상을 활용하면 정신적 박탈감 속에서도 흔들리지 않는다.

혼자만의 시간은 단순한 휴식이 아니다. 집중력과 전략을 회복하는 '정비의 시간'이며, 매일 루틴을 관리하고 작은 성취를 쌓을 때 실행력은 단단해진다. 실패 후 의미를 찾고 다시 도전하는 회복력은 위기 상황에서 신뢰받는 행동으로 이어진다.

둘째, 일의 본질에 집중하고 결과로 증명하라. 화려한 언변보다 중요한 것은 업무의 핵심과 본질에 집중하는 태도다. 업무의 우선순위를 명확히 하고, 실행 과정을 검증하며, 조직 전체의 효율을 높이는 방향으로 구조를 설계해야 한다. 말보다 행동으로, 계획보다 결과로 증명하는 자는 조직에 깊은 신뢰와 영향력을 남긴다.

셋째, 조직의 방향성과 기대를 읽고 실행하라. 자신의 속도와 리듬에 맞춰 묵묵히 일하는 것도 중요하지만, 조직 안에서 신뢰받는 사람으로 자리 잡으려면 리더와 조직의 방향성을 이해하고 그에 맞춰 움직여야 한다. 상사가 반복해서 강조하는 가치와 목표를 관찰하고, 문제를 미리 파악하며 해결 실마리를 제시하는 행동은 단순한 비위 맞추기가 아니라 전략적 실행이다. 조용하지만 정확한 보고, 결과 중심의 메시지, 조직 목표와 맞아떨어지는 실행을 꾸준히 실천하면 조직 안에서 신뢰받는 존재가 된다.

자신의 기준과 가치관을 지키면서도 조직의 흐름에 맞추어 성과를 만들어가는 사람. 그것이 바로 내향적인 사람이라도 발휘할 수 있는 최고의 실행력이며, 조직 안에서 자신의 존재감을 확실히 증명하는 길이다.

5
소리 없이 강해지는 생존 전략

조직 사회 생존 전략

현대 조직 사회는 빠른 피드백, 활발한 네트워킹, 강한 존재감을 요구한다. 이런 환경에서 외향적인 사람은 자연스럽게 주목받는다. 그러나 모든 사람이 외향적일 필요는 없다. 조용하지만 단단한 사람도 충분히 성장할 수 있으며, '소리 없이 강해지는 법'을 아는 사람은 외풍에도 흔들리지 않는 견고한 존재가 된다.

핵심은 억지로 외향성을 흉내 내는 것이 아니다. 자신만의 방식으로 실력을 쌓고, 꾸준히 존재감을 만들어가는 것이 중요하다. 이것이 바로 '생존 전략 업데이트', 즉 조용하지만 꾸준한 성장의 전략이다.

소리 없이 강한 직장인

'소리 없이 강하다'는 것은 군중 속에서 소리치지 않고도 자신만의 자리에서 묵묵히 실력으로 존재를 증명하는 것을 의미한다. 조용한 사람이 실력을 쌓고 인정받는 방법은 크게 세 가지로 나눌 수 있다.

1. 실질적인 결과로 신뢰를 쌓아라

단기간의 '보여주기식 성과'에 집착하면 한계를 드러내기 쉽다. 경쟁 속에서 눈에 띄기 위해 무리하게 에너지를 쏟으면 진짜 성과를 내기 어렵고, 위기가 닥쳤을 때 책임을 회피하려 타인을 희생양으로 삼을 수도 있다.

이런 상황을 피하는 가장 확실한 방법은 꾸준히 실질적 성과를 쌓는 것이다. 시간이 쌓인 결과물은 당신을 지켜주는 단단한 성벽이 된다. 단기적인 평가에 일희일비하기보다, 장기적인 실력과 경험을 차곡차곡 쌓아가는 것이 중요하다.

2. 자신의 성장에 집중하라

조용한 사람의 강점은 집중력과 깊이 있는 사고다. 이를 무기로 삼아 조용히, 그러나 꾸준히 성장하라. 자신의 업무 결과를 냉철하게 평가하고 개선점을 찾아 약점을 보완하면, 결정적인 순간에 주목받게 된다.

예를 들어, 마라톤을 떠올려보자. 실력 있는 마라토너는 초반부터 무리하지 않고 꾸준히 페이스를 유지하다가 마지막 구간에서 속도를 높이며 선두로 치고 나온다. 이를 '네거티브 스플릿(Negative Split)' 전략이라 한다. 직장에서도 경력 초반에 주목받는 것보다, 결정적인 순간에 실력으로 앞서 나가는 것이 더 중요하다. 꾸준한 자기 계발과 전략적 사고를 통해 조직의 핵심 인재로 성장할 수 있다.

3. 필요한 순간, 존재감을 드러내라

조직 내에서 진정으로 존경받는 사람은 항상 주목받는 사람이 아니다. 정말 필요한 순간, 문제 해결의 중심에서 도움을 줄 수 있는 사람이 진정으로 신뢰받는다.

능력에 대한 믿음이 높더라도, 자신이 가치 있다고 느끼지 않으면 사람은 끊임없이 '인정'을 갈구한다. 반대로 자신의 실력과 가치를 확신하는 사람은 조용히 신뢰를 얻는다. 위기 속에서 침착하게 상황을 정리하고 해결책을 제시하는 사람, 바로 그런 존재가 조직이 진정으로 의지하는 인물이다.

실력은 최고의 방패

입사 초기에는 외향적인 사람이 회의실 분위기를 띄우고 상사의 인정을 받기 쉽다. 그러나 시간이 지나면 사람들은 결국 '결과와 기여'를 본다. 중요한 순간에 믿을 수 있는 사람, 꾸준히 성과를 내는 사람은 말없이 영향력을 키워간다. 결국 말보다 결과, 속도보다 지속성, 소리보다 실력이 강하다.

실력은 보이지 않는 갑옷이자, 자신을 지켜주는 방패다. 겉으로 드러나지 않아도 전문성과 결과가 있는 사람은 쉽게 무시당하지 않는다. 누군가 부당하게 평가하려 해도 주변은 자연스럽게 "그 사람은 그런 사람이 아니다."라고 방어한다. 심지어 상사조차 함부로 대하지 못한다. 실력은 필요할 때 선택권을 만들어주는 무기이며, 이를 기반으로 신뢰의 네트워크가 조직 안에 자연스럽게 형성된다.

6
세상을 바꾸는 조용한 혁신

말보다 행동으로 만드는 변화

 '혁신'이라는 단어는 때로 너무 거창하게 느껴져, 내향적인 사람에게는 자신과는 거리가 먼 일처럼 여겨질 수 있다. 그러나 실제 기업에서 일어나는 혁신의 대부분은 눈에 띄는 대규모 변화가 아니라, 조용하고 작은 시도에서 시작된다. 내향적인 직장인도 말보다 실행과 깊이 있는 문제 접근 방식으로 충분히 혁신의 주체가 될 수 있다. 핵심은 자신의 시간과 에너지를 전략적으로 배분하여, 조직 안에서 의미 있는 변화를 만들어내는 것이다.

 해외 유명 기업의 사례를 보면, 내향적인 기업가들이 조용한 혁신을 이끌어낸 모습을 확인할 수 있다. 마이크로소프트(Microsoft)의 CEO 사티아 나델라(Satya Nadella)는 대표적인 내향적 혁신가로 꼽힌다. 2014년 CEO로 취임한 그는 지시형 리더십에서 공감형 리더십으로 조직 문화를 전환했다. 명령과 통제 중심의 문화를 '성장 마인드셋'과 '심층 경청' 중심으로 바꾸며, 조직의 사고방식을 조용히 재편했다. 그 결과, 마이크로소프트는 클라우드 중심의 비즈니스 모델로 전환하고, 시가총액 2조 달러를 돌파하는 글로벌 혁신 기업으로 도약했다.

또 다른 사례로는 포스트잇(Post-it)의 탄생을 이끈 3M의 화학자 스펜서 실버(Spencer Silver)를 들 수 있다. 그는 잘 붙지 않는 접착제를 우연히 개발했지만, 처음에는 큰 주목을 받지 못했다. 화려한 프레젠테이션 대신 소규모 내부 공유와 꾸준한 설명을 통해 자신의 아이디어를 알렸고, 동료 아서 프라이(Arthur Fry)가 이를 교회 찬송가 책갈피에 활용하면서 오늘날 전 세계인이 사용하는 '포스트잇'으로 발전했다.

이와 같은 공감과 실행 중심의 접근은 CEO나 고위 임원에게만 필요한 것이 아니다. 현재 자신의 위치에서 생각을 공유하고, 조용하지만 꾸준히 실행하는 사람은 조직 안에 깊고 오래 남는 변화를 만들어낼 수 있다.

조용하지만 확실한 혁신 전략

신규 제품 출시는 모든 사업에서 비즈니스 성장을 이끌 수 있는 중요한 기회다. 그러나 이를 시장에 안정적으로 진입시키고, 고객이 꾸준히 사용하도록 만드는 과정은 결코 쉽지 않다. 필자는 신규 제품을 성공적으로 시장에 도입한 경험을 바탕으로, 실질적인 혁신 전략을 나누고자 한다. 해당 제품은 출시 후 5년 간 연평균 25% 이상 성장하며, 회사 성장의 핵심 동력이 되었다.

전략 1. 공감 능력으로 국경을 넘다

2020년 당시, 초음파 장비와 소모품은 회사의 주력 제품군이 아니었다. 그러나 필자는 부정맥 시술 현장에서 초음파 프로브의 가능성을 발견하고, 새로운 사업 기회를 포착했다. 일본 시장을 직접 방문해 현장을 확인하고, 문화적 특성을 세심히 분석했다. 비즈니스에서는 상대의 환경과 관점을 이해하는 것이 매우 중요하다. 일본 고객은 외부인에게 신중하며, 작은 행동에서도 존중을 중시한다. 이러한 문화를 공감하며 접근했을 때, 필자는 단순한 판매자가 아닌 치료의 핵심 파트너로 인식되었고, 그 결과 일본지사와 병원 측으로부터 한국 직원 방문 허가를 받을 수 있었다.

전략 2. 면밀한 분석력으로 국내 전략을 세우다

신제품 도입 시, 기존 제품군과의 연계성을 세세하게 검토하며 고객이 자연스럽게 받아들일 수 있는 시나리오를 구상했다. 일본에서 배운 시술 적용 경험을 바탕으로 국내 시장에 맞는 적용 방안을 설계하고, 모든 과정을 체크리스트로 관리하며 세부 사항을 놓치지 않았다. 또한 일본 기술진을 초청해 교육을 주도하게 함으로써 국내 고객의 학습 효율을 높였다. 그 결과, 신제품은 단기간에 시장에 성공적으로 안착했고, 시술 과정과 가이드는 브로셔 형태로 기록되어 누구나 쉽게 이해할 수 있도록 제공되었다.

전략 3. 공유와 협력으로 조직 실행력을 높이다

현장에서 얻은 피드백을 실시간으로 정리하고, 복잡한

정보를 명확한 메시지로 가공했다. 이를 통해 팀 전체가 동일한 목표를 공유하고 빠르게 실행할 수 있었으며, 신규 제품 출시 과정에서 발생할 수 있는 시행착오를 최소화할 수 있었다.

전략 4. 준비된 기술지원, "말하지 않아도 알아요"

내향적인 사람은 상대방이 표현하지 않은 니즈를 읽어내는 데 강점을 가진다. 필자는 제품 출시 6개월 전, 초음파 경험이 풍부한 직원을 미리 채용하고 심장 전문 교육을 시행했다. 이러한 철저한 준비 덕분에 현장 지원에 대한 의료진의 만족도는 높았고, 경쟁사와 차별화된 신뢰를 얻을 수 있었다.

이와 같은 전략으로 5년간 매진해 온 신제품 사업은 기존 제품의 매출 감소를 신규 제품이 상쇄하며 새로운 성장 축으로 자리 잡았다. 이는 조용하지만 확실한 혁신의 결과였다.

시장 진입 초기에는 이미 초음파 시장을 선점한 기업과 협력해 전략을 수립했지만, 모든 것이 계획대로 되지는 않았다. 협업사의 장비 노후화로 인해 고객 평가에서 긍정적인 반응을 얻기 어려웠고, 목표와 우선순위의 차이로 불협화음이 발생했다. 이에 따라 전략을 수정하여, 자사 장비가 소모품과 호환될 때 최고의 이미지 품질을 제공한다는 점에 초점을 맞춰 판촉 활동을 전개했다. 사전에 시장에 대한 상사와의 공감대를 형성한 덕분에 회사의 전폭적인 지원을 받을 수 있었고, 전담 대리점 선정 등 모든 구성원과의 협업을 통해 눈에 띄는 성과를 거둘 수 있었다.

필자는 5년여의 시간 동안 눈에 띄는 매출 성장을 이루었지만, 그보다 먼저 조직 생태계의 지속 가능한 성장을 위해 우선순위를 조율하는 역할을 수행했다. 말보다 행동으로, 존재감보다 실천으로 증명하는 사람이야말로 조직의 중심을 움직이는 진정한 혁신가다.

조용하지만 꾸준히 실행하고, 세심하게 관찰하며, 의미 있는 변화를 만드는 전략. 그것이 바로 내향 직장인도 실현할 수 있는 혁신의 방식이다.

3부

소통기술로 영향력을 발휘하라

6장

현명한 소통을 위한 대응 기술

1

굿 커뮤니케이터가 되는 기술

커뮤니케이션이 곧 조직문화의 성적표이다

기업의 성과는 제품의 품질이나 전략적 의사결정만으로 만들어지지 않는다. 조직 구성원 간의 소통 수준이 기업의 성과를 결정짓는 핵심 요인 중 하나다.

미국의 400개 기업, 10만 명의 직원을 대상으로 한 조사 「The Cost of Poor Communications: The Business Rationale for Building This Critical Competency」에 따르면, 의사소통 부족으로 인한 연간 손실은 기업당 평균 6,240만 달러에 달한다. 이는 프로젝트 지연, 직원 사기 저하, 성과 목표 미달 등으로 이어지며, 결국 조직 전체의 생산성과 경쟁력을 떨어뜨린다.

이처럼 기업의 목적이 '이윤 창출'이라면, 소통은 단순한 보조 역할이 아니라 핵심 경쟁력이다. 구성원들이 얼마나 효과적으로 생각을 공유하고, 의견 차이를 조율하며, 신뢰를 쌓는가가 조직의 지속가능한 성장에 직접적인 영향을 미친다.

특히 내향인은 단순히 말이 적은 사람이 아니라, 정보를 받아들이고 처리하는 방식이 외향인과 다른 유형의 사람이다. 따라서 커뮤니케이션의 양상 또한 자연스럽게 달라질 수밖에 없다. 문제는 대부분의 조직이 외향형 중심의 소통 구조를 기반으로 운영되고 있다는 점이다. 이로 인해 내향형 직장인들은 자신이 충분히 기여하고 있음에도 불구하고, 의견을 표현하는 방식에서 오해를 받거나 불필요한 피로감을 느끼는 경우가 많다.

아래는 내향인이 사회생활 속에서 자주 경험하는 장면들이다.

- 조용하다는 이유만으로 회의에서 '소극적이다'는 피드백을 받는다.
- 하고 싶은 말이 있었지만 타이밍을 놓쳐 속으로만 삭인다.
- 충분히 생각한 후 의견을 제시했는데도 '감정적이다'는 평가를 받는다.

이러한 사례들은 단순히 개인의 성향 문제가 아니라, 조직 내 소통 구조가 얼마나 다양성을 수용하고 있는가를 보여주는 지표이기도 하다. 기업이 진정한 성과를 원한다면, 내향형과 외향형이 각자의 강점을 발휘하며 협력할 수 있는 '균형 잡힌 커뮤니케이션 문화'를 구축해야 한다.

실패한 대화를 회복시키는 커뮤니케이션의 힘

tvN 예능 프로그램 〈유 퀴즈 온 더 블럭〉에 출연한 20년 경력의 대화 트레이너 박재연 소장은 "사람들이 무의식적으로 사용하는 표현이 대화를 어렵게 만든다"고 말한다. 그녀가 제시한 '대화 실패를 부르는 여섯 가지 표현'은 다음과 같다.

- 판단: "너 문제 있는 거 알아?"
- 비난: "누굴 닮아서 그래?"
- 강요: "좋은 말로 할 때 해."
- 비교: "다른 사람은 잘만 하더라."
- 당연시: "이 정도는 기본이지."
- 합리화: "내가 다 너 생각해서 하는 말이야."

살다 보면 이런 말을 무심코 내뱉은 경험이 한 번쯤은 있을 것이다. 하지만 이러한 표현이 반복되면, 관계는 점점 경직되고 대화의 온도는 차갑게 식는다. 이럴 때 누군가는 관계의 긴장을 완화하는 '중재자' 역할을 해야 한다. 그리고 그 역할에 가장 적합한 사람이 바로 내향형 직장인이다. 이들은 듣고, 정리하며, 균형 있게 표현하는 능력이 뛰어나기 때문이다. 이 장에서는 이러한 강점을 바탕으로 내향형 직장인이 '굿 커뮤니케이터'로 성장하기 위한 전략을 살펴본다.

1. 사전 준비가 완벽한 말하기를 완성한다

내향인은 즉흥적인 대화보다는 준비된 대화에서 강점을 보인다. 외향적인 동료가 즉석에서 던진 말 한마디에 잠시 멈칫할 수 있지만, 그것이 곧 대화의 약점을 의미하지는 않는다. 중요한 대화를 앞두고 핵심 메시지를 미리 정리해 보자. 이 습관이 자리 잡으면, 즉흥적인 상황에서도 논점을 머릿속에서 빠르게 정리해 명확하게 표현할 수 있다. 준비된 말하기는 자신감을 키우는 가장 확실한 훈련이다.

2. 경청의 힘으로 대화의 중심을 잡는다

직급이 높아질수록 회의 중에 "앞서 말씀드렸다시피…"라는 말을 자주 듣게 된다. 그 이유는 누군가의 말을 제대로 듣지 않았기 때문이다. 리더들은 실시간으로 판단하고 결정을 내려야 하는 일이 많다 보니, 때때로 중요한 포인트를 놓치기도 한다. 그때 구성원들은 정중하게 "앞서 말씀드렸다시피…"라는 표현으로 맥락을 되짚어주는 것이다.

반면 내향인은 타인의 말을 깊이 있게 듣는 능력이 탁월하다. 이 장점을 활용하면 신뢰를 쌓고, 여러 의견을 종합해 균형 잡힌 결론을 도출할 수 있다. 경청은 단순한 '듣기'

가 아니라, 조직의 흐름을 읽는 전략적 소통 기술이다.

3. 감정 표현은 솔직하고 담백하게

감정을 드러내면 관계가 틀어질까 봐 참고 넘어가는 경우가 많다. 하지만 감정을 억누를수록 마음의 피로는 더 커진다. 감정을 숨기기보다 솔직하게, 그러나 담백하게 표현하는 것이 관계 회복에 더 효과적이다.

예를 들어,

"그때 조금 당황스러웠어요."

"그 부분은 다시 한번 확인해 주시면 좋겠어요."

이런 표현은 상대방의 방어심을 자극하지 않으면서도, 당신의 의도와 감정을 명확하게 전달할 수 있다. 감정의 솔직함은 공격이 아니라 신뢰의 출발점이다.

4. 문서화된 커뮤니케이션으로 정리하라

말로 설명하는 것이 부담스럽다면, 이메일이나 문서로 생각을 정리해 전달해 보자. 메신저 대화는 휘발성이 높고 오해가 생기기 쉽지만, 이메일은 기록이 남고 구조적으로 생각을 표현할 수 있다. 내향형 직장인에게 문서화된 커뮤니케이션은 말보다 강한 설득 도구가 된다.

내향형 직장인은 위의 네 가지 방법—사전 준비, 경청, 솔직한 감정 표현, 문서 활용—을 기반으로 '신중한 관찰자'에서 '영향력 있는 커뮤니케이터'로 성장할 수 있다. 경청할 줄 아는 자세와 사려 깊은 질문 하나가 회의의 흐름을 바꾸고, 정돈된 한 문장이 조직의 방향을 결정할 수도 있다.

굿 커뮤니케이터로 성장하는 과정에서 객관적으로 의견을 평가해 주는 리더가 있다면 더욱 좋다. 당신의 아이디어를 공정하게 판단하고, 좋은 내용은 의사결정에 반영할 줄 아는 리더는 든든한 협력자다. 그런 리더의 존재는 당신에게 심리적 지지와 동기부여를 제공한다. 중요한 회의를 앞두고 있다면, 비공식적인 자리에서 리더에게 사전에 의견을 공유해보자. 리더의 반응을 미리 파악하면 공식 회의에서 나올 수 있는 변수를 줄이고, 당신의 의견을 더 설득력 있게 다듬을 수 있다.

즉흥적인 말은 자극적이지만 금세 사라진다. 반면, 핵심이 정돈된 말은 오래 남는다. 굿 커뮤니케이터로 성장한 내향형 직장인은 임시방편적인 반응보다 조직의 흐름과 본질적인 방향성을 중시한다. 꾸준한 노력을 통해 당신의 말에 지속적인 영향력을 더해보자. 굿 커뮤니케이터로 성장하는 당신을 응원한다.

2
말하지 않으면 모른다

효율성을 우선시하는 조직문화

현대의 조직은 효율과 신속함을 최우선 가치로 삼는다. 이런 환경에서는 침묵이 종종 동의로 해석되곤 한다. 외향적인 표현을 중시하는 조직 문화와 집단 심리 속에서, 침묵은 빠른 의사결정을 돕는 무언의 긍정 신호처럼 받아들여지지만, 내향적인 직장인에게 침묵은 반드시 동의를 의미하지 않을 수 있다. 침묵이 동의를 뜻하지 않음에도 불구하고, 많은 경우 이것이 '동의했다'는 오해로 이어지고, 결과적으로 불합리한 결정으로 연결되기도 한다.

그렇다면 왜 '말하지 않으면 동의한 것으로 본다'는 분위기가 만들어졌을까? 이는 아마도 자신의 목소리를 내야만 권리를 지킬 수 있다는 사회적 인식에서 비롯된 결과일 것이다. 회의나 의사결정 과정에서 모든 구성원의 의견을 충분히 기다리기보다, "이견 없죠?"라는 질문 뒤로 침묵이 흐르면, 곧이어 "그럼 동의하신 것으로 알고 진행하겠습니다."라는 말로 이어지는 장면은 낯설지 않다.

특히 위계질서가 강한 한국 기업문화에서는 이러한 방식이 자연스럽게 자리 잡았다. 리더 입장에서는 침묵을 동의로 간주하면 회의가 빨리 끝나고, 겉보기에는 업무가 효율적으로 진행되는 듯 보인다. 그러나 그 이면에는 다양한 의견이 배제될 위험이 숨어 있다.

열린 소통이 보장된 조직이라면 이런 회의 방식이 큰 문제가 되지 않을 수도 있다. 하지만 팀원들이 실제로 말을 아끼는 분위기 속에서 침묵하고 있다면, 그 조직은 중요한 의견을 놓친 채 의사결정을 내리는 잠재적 위험을 안고 있는 셈이다.

침묵에 대한 서로 다른 이해

서구의 계약 문화에서는 당사자가 직접 의사를 밝히는 '명시적 동의'가 절대적으로 중요하다. 반면, 한국의 직장 문화에서는 침묵이 '묵시적 동의'로 간주되는 경우가 많다.

"의견을 말하지 않으면 다른 의견이 없는 것으로 본다"는 인식은 경쟁 중심 사회에서 비롯된 사회적 산물이다. 스스로 목소리를 내지 않으면 존재하지 않는 사람으로 취급받는 경험이 반복되면서, 침묵은 자연스럽게 동의의 신호로 받아들여지게 된 것이다.

그렇다면 법적으로 침묵은 동의를 의미할까? 법조계에서는 그렇지 않다. 대한민국 민법 제107조(진의가 아닌 의사표시)는 "표시된 의사(말이나 행동)가 진심과 다를 때 무효"라고 규정한다. 침묵은 아무런 표현이 없는 상태이므로, 원칙적으로는 '의사 표시가 없는 것'으로 간주되어 법적 효력이 발생하지 않는다. 또한 제111조는 "의사표시의 효력 발생 시기는 상대방에게 도달한 때에 그 효력이 생긴다"고 명시한다. 즉, 단순한 침묵만으로는 동의가 성립되지 않으며, 명확한 의사표시나 구체적인 행위가 있어야만 동의로 인정된다.

하지만 현실 세계, 특히 직장에서는 법보다 훨씬 빠른 속도로 일이 진행된다. 하루의 절반 이상을 회사에서 보내는 구성원의 활동을 단순히 법적 시각으로만 판단할 수는 없다. 그 결과, 침묵은 종종 '진행 신호'로 받아들여진다.

그렇다면 이러한 간극을 줄이기 위해 조직은 어떤 문화를 만들어야 할까? 기업은 구성원이 침묵과 동의의 의미를 명확히 구분할 수 있는 유연한 소통 구조를 마련함으로써, 불필요한 오해와 잘못된 의사결정을 줄일 수 있다.

침묵을 건강하게 다루는 문화

기업은 속도를 내야 하지만, 그 과정에서 침묵을 곧 동의로 여기는 문화는 큰 위험이 될 수 있다. 특히 성향이 다양한 구성원이 함께 일하는 조직에서는, 침묵의 의미를 정확히 해석하기 위한 작은 노력이 필요하다.

내향적인 상사라면, 다음과 같은 작은 변화를 통해 구성원들의 신뢰와 참여를 높일 수 있다. 먼저, 회의에서 "이견 없으시죠?"라는 표현 대신, "이 건에 대해 누구든 자유롭게 의견을 주셨으면 합니다."처럼 반론을 환영한다는 메시지를 전해보자. 이는 구성원에게 심리적 안전감을 제공한다. 또한, "다들 괜찮으신가요?"보다 "A님, 혹시 다른 의견 있으신가요?"처럼 개인에게 직접 기회를 주는 방식도 효과적이다. 회의 후에는 이메일이나 비공식 대화를 통해 의견을 묻는 것도 도움이 된다. 또, '침묵은 곧 동의'라는 전제를 피하고, 의견을 확인한 기록을 남기는 습관도 중요하다.

대한민국은 짧은 시간에 눈부신 성장을 이루었지만, 그 과정에서 세대 간·문화 간 간극이 커졌다. 이로 인해 직장 내에서는 다양한 오해와 갈등이 발생한다. 그러나 근본적인 해결책은 복잡하지 않다. 회의나 의사결정 과정에서 침묵의 의미를 묻는 루틴을 만들거나, 침묵을 단순한 '아무 말 없음'으로 치부하지 않고 생각과 감정을 듣는 기회로 전환해보자.

사실, 리더들조차 이 부분을 간과하기 쉽다. 하지만 구성원도 편안한 분위기에서 리더나 상사에게 제안을 시도할 수 있다. 작은 변화가 쌓이면, 조직 전체의 소통 문화와 신뢰를 건강하게 바꿀 수 있다. 그렇게 되면, 침묵하던 사람도 자신의 의견을 편안하게 말할 수 있는 순간이 찾아올 것이다. 결국, 말하지 않으면 알 수 없으니까.

3
정중하고 단호한
거절도 능력이다

착한 사람 콤플렉스의 덫

내향적인 직장인들은 사회생활에서 종종 갈등을 피하기 위해 자신의 감정을 억누른다. 이는 불필요한 충돌을 막고, 피곤한 감정 소모를 줄이기 위한 선택이기도 하다. 그러나 갈등을 피한다고 해서 진정한 안정감이 생기는 것은 아니다. 오히려 정중하면서도 단호한 거절이야말로 자기 존중의 시작이자, 건강한 관계의 출발점이다.

흔히 '착한 사람 콤플렉스(People-pleasing tendency)'라는 말을 들어본 적이 있을 것이다. 이는 타인의 기대나 요청을 거절하지 못하고, 좋은 사람으로 보이기 위해 자신의 욕구를 억제하는 심리적 경향을 뜻한다. 특히 내향적이면서 공감 능력이 높은 사람일수록 이 함정에 빠지기 쉽다.

불합리한 부탁을 거절하지 못하고 속으로만 삭이면, 감정적 피로가 쌓인다. 억눌린 감정은 자존감 저하로 이어지고, 결국 일에 대한 회의감과 무기력함을 불러온다. 이러한 반복은 감정적 스트레스와 자존감 저하를 가져오고, 때로는 수면장애와 만성 피로로 이어지기도 한다. 즉, 좋은 사람이 되기 위한 노력이 오히려 '자기 소진(Self-burnout)'으로 이어지는 것이다. 이처럼 타인의 기대에 맞추려 애쓰는 과정이 관계마저 왜곡시키는 아이러니한 상황, 그것이 바로 착한 사람 콤플렉스의 그림자다.

따라서 사회생활뿐 아니라 인생 전반에서 거절할 수 있는 용기가 필요하다. 거절은 무례한 행동이 아니라, 자신의 권리를 지키고 건강한 관계를 유지하기 위한 자기 보호를 위한 필수적인 선택이다.

당신은 거절할 줄 알아야 한다

심리학자 칼 융은 내향인이 타인의 감정에 민감하고, 갈등을 심리적으로 크게 부담스러워한다고 말했다. 이 때문에 거절을 회피하면 일시적으로 불편함은 줄어들지만, 장기적으로는 거절에 대한 두려움을 강화하게 된다. "내가 거절하면 싫어할 거야."라는 막연한 생각이 행동을 제한하는 것이다.

내향적인 직장인이라면 자신도 모르게 "네."라고 말하며 일을 더 맡아온 경험이 있을 것이다. 그 순간, 마음속에는 이미 거절에 대한 불안이 자리 잡고 있을 가능성이 크다.

하지만 거절은 타인을 배척하는 행위가 아니다. 이는 건강한 자기주장의 한 형태이며, 외향성과 무관하게 누구나 익힐 수 있는 심리적 기술이다. 당신은 타인의 감정을 섬세하게 읽는 능력을 갖추고 있으므로, 관계를 해치지 않으면서도 부드럽게 거절할 수 있다.

단호한 거절을 위한 5단계

직장 생활에서 부탁을 거절하는 일은 쉽지 않다. 특히 내향적이라면, 관계가 틀어질까 걱정하며 결국 "네."라고 수긍하는 경우가 많다. 그러나 거절을 두려워하지 않고 건강하게 실천하는 능력은 자신을 지키고, 직장 내 신뢰와 존중을 쌓는 중요한 기술이다.

이제 단호하면서도 부드럽게 거절하는 방법을 단계별로 알아보자. 이 방법을 익히면, 불필요한 감정 소모를 줄이고 자기 존중을 지키면서도 원활한 관계를 유지할 수 있다.

1. 자기 인식 - "나는 왜 거절이 어려운가?"

스스로에게 다음과 같이 질문해 보자.

- 내가 거절을 어려워하는 이유는 무엇인가?
- 지금 이 부탁이 불편하게 느껴지는 이유는 무엇일까?
- 이 부탁을 들어주면 나는 어떤 감정을 느낄까?

이 질문들은 거절의 근거를 이해하는 자기 인식의 출발점이다. 사회생활에서 받는 요청의 배경은 다양하다. 승진을 위해 상사의 요청을 눈치 보며 수용해야 하는 경우, 업무 이해 부족으로 생기는 요청, 불합리한 요구 등 이유는 여러 가지다. 감정의 근원을 명확히 인식하면, 거절해야 할 상황이 분명해진다.

2. 감정 분리 – "타인의 감정은 그 사람의 몫이다"

상대의 실망이나 서운함은 그 사람의 감정일 뿐, 당신의 책임이 아니다. 타인의 감정을 모두 짊어질 수는 없다. 이 원칙을 마음속에 단단히 세워두면, 매번 에너지를 소모할 필요가 줄어든다.

3. 한계 설정 – "내 자원은 한정되어 있다"

요청을 수락했을 때 내 일정은 어떻게 변할까? 시간, 체력, 감정은 모두 한정된 자원이다. 무리한 부탁을 거절하는 것은 이 자원을 관리하는 능력의 표현이다. '나를 지키는 일'은 이기적인 행동이 아니라, 지속 가능한 성장의 조건이다.

4. 표현 연습 – "단호하지만 정중하게"

거절에도 기술이 필요하다. 즉각적으로 거절을 표현하기 어렵다면, 예시 문장을 미리 준비해 두자. 예를 들어, "죄송하지만, 지금은 도와드리기 어렵습니다."처럼 짧고 명확하지만 예의를 갖춘 표현이 있다. 즉흥적으로 말하기 어렵다면 이러한 문장을 마음속으로 연습해 보자. 정중한 언어는 거절의 첫걸음을 익히는 좋은 시작이다.

5. 거절 후 감정 돌보기 – 지나친 죄책감은 금물

거절 후 찾아오는 불편함이나 죄책감은 자연스러운 감정이다. 그러나 그 감정에 오래 머물지 말자. "나는 내 감정을 존중하는 선택을 했다"는 확신을 가지고, 나만의 회복 루틴을 마련하자. 잠깐의 산책, 음악 감상, 일기 쓰기 등 마음을 다독이는 작은 행동이 스스로를 단단하게 만든다.

거절을 통해 얻는 성장

거절은 관계를 끊는 행동이 아니라, 진정한 관계를 맺기 위한 경계 설정이다. 그동안 '착한 사람'이라는 가면 뒤에 숨었다면, 이제는 진짜 자신의 모습을 드러낼 차례.

내향적인 사람은 거절을 통해 다음과 같은 변화를 경험할 수 있다.

- 자존감 회복: 누군가의 부탁을 들어줘야만 가치 있는 사람이 아니다. 거절을 반복하면서, 자신을 존중받을 가치가 있는 존재로 인식하게 된다.
- 관계의 질 향상: 거절할 줄 아는 사람은 자신을 억누르

지 않으므로, 억울함이나 분노 없이 관계를 이어갈 수 있다. 오히려 타인과의 신뢰를 더 깊게 만드는 효과가 있다.
- 내면의 평화: 시간과 업무 일정을 통제하는 것만이 주도적인 삶이 아니다. 거절을 통해 자신의 시간과 에너지를 지키는 것 역시 자기 주도적 삶을 만드는 과정이다. 타인의 기준에 맞추느라 지쳤던 마음이 회복되면, 자신의 기준에 따라 행동하는 삶이 가능해진다.

당신도 조용하지만 단단하게 자신의 삶을 지켜낼 수 있다. 부드럽지만 분명하게 선을 긋는 태도, 그것이 바로 내향인의 힘이다. 거절은 나를 지키는 커뮤니케이션이자, 나를 존중하는 선언이다.

4

어떤 상황에도
대응 멘트를 보유하자

당신은 방패가 필요하다

누구나 예기치 못한 상황에서 말문이 막힐 때가 있다. 특히 내향적인 직장인들은 갑작스러운 질문이나 요청을 받으면 생각을 정리하느라 잠시 침묵하게 되고, 그 짧은 침묵이 오히려 손해처럼 느껴질 때가 있다. 회의가 끝난 뒤에야 '그때 이렇게 말했어야 했는데…' 하고 속앓이하는 경우도 많다.

업무상 자연스러운 질문과 달리, 사적인 질문이나 공격적인 피드백, 무례하거나 강압적인 요구 앞에서는 말문이 막히기 쉽다. 이런 순간일수록 준비된 대응 멘트는 당신에게 든든한 방패가 된다.

내향인은 머릿속에서 생각을 정리한 뒤에야 말을 꺼내는 성향이 있다. 즉각적인 반응이 필요한 상황에서는 불리하게 느껴질 수 있지만, 미리 준비된 한마디는 이 어려움을 단번에 극복하게 해준다. 준비된 멘트는 자신감과 마음의 안정감을 주며, 자신의 말하기 능력을 과소평가하기 쉬운 내향인에게 큰 힘이 된다.

준비된 멘트가 주는 장점

1. 자기비판 감소: "그때 이렇게 말할걸"이라는 후회를 줄이고, 말이 막히거나 더듬는 시간을 최소화한다.
2. 대화 흐름 개선: 회의나 대화의 흐름이 매끄러워져, 의사 전달이 명확해진다.
3. 신뢰와 안정감 부여: 여러 번 다듬은 준비된 표현은 상대방에게도 차분하고 전문적인 인상을 남긴다.
4. 감정 관리: 준비된 멘트를 사용하면 비판이나 사회적 긴장 상황에서도 감정에 휘둘리지 않고 대응할 수 있다.
5. 갈등 완화: 즉흥적이고 직설적인 화법 대신 배려가 담긴

표현으로, 인간관계에서 불필요한 갈등을 줄일 수 있다.

즉, 내향인은 준비된 말 한마디로 자신을 보호하고, 대화의 주도권을 확보하며, 관계를 안정적으로 유지할 수 있다. 준비된 멘트는 단순한 기술이 아니라, 당신에게 필요한 심리적 안전장치이자 신뢰 구축 도구인 셈이다.

자신감을 주는 대응 멘트 가이드

내향적인 직장인은 즉시 반응해야 하는 자리에서 긴장하거나, 말을 더듬게 되는 경우가 많다. 이럴 때 미리 준비된 대응 멘트가 있다면, 당황하지 않고 차분하게 상황을 관리할 수 있다.

다음은 직장에서 자주 마주치는 상황별 대응 멘트 예시다. 상황에 맞춰 미리 준비해 두면 자신감 있게 대처할 수 있다.

1. 회의 중 갑작스러운 의견 요청

- "좋은 질문 감사합니다. 잠시 생각을 정리하고 말씀드리겠습니다."
- "잠시만 시간을 주시면 핵심 위주로 정리해서 말씀드리겠습니다."

2. 예상치 못한 비판이나 공격적인 피드백을 받을 때

- "말씀 감사합니다. 말씀해 주신 부분은 곰곰이 생각해 보겠습니다."
- "그렇게 느끼실 수도 있겠네요. 혹시 구체적으로 어떤 부분에서 그렇게 느끼셨는지 말씀해 주실 수 있을까요?"

3. 예고 없이 발표나 브리핑을 지목받았을 때

- "핵심 위주로 간단히 정리해서 말씀드리겠습니다."
- "준비는 미흡하지만, 공유된 내용을 기준으로 정리해서 말씀드리겠습니다."

4. 갑작스러운 자기소개나 소감 요청

- "간단히 말씀드리자면, 저는 조용히 꾸준히 일하는 스타일입니다."
- "말보다는 행동으로 보여드리는 것을 선호합니다."

5. 사적인 질문이나 잡담이 이어질 때

- "제가 평소 말이 적은 편이라, 듣는 걸 더 좋아합니다."
- "그 부분은 조금 조심스럽네요. 다음에 차 한잔하면서 편하게 이야기 나누면 좋겠습니다."

6. 갑작스러운 사교적 모임(회식, 점심 등)제안

- "그날은 개인 일정이 있어서 참석이 어렵네요. 다음 기회에는 꼭 함께하고 싶습니다."
- "최근 정리할 일이 많아서요. 양해해 주셔서 감사합니다." 상대방이 종종 당일 일정을 잡아두고 "매번 거절하시네요."라고 말할 경우가 있다. 이런 경우, "당일 말씀을 주셔서 기존 약속을 취소하기 어려웠습니다."라고 응답할 수 있다.

대응 멘트는 커뮤니케이션의 윤활유

대응 멘트는 불안한 순간을 안정시키고, 관계를 부드럽게 이어주는 윤활유 역할을 한다. 처음에는 어색하게 느껴질 수 있지만, 상황별 멘트를 미리 연습하다 보면 점점 자연스러워진다. 어느 순간, 마음은 떨리더라도 겉으로는 안정된 말투로 자신 있게 말하는 자신을 발견하게 될 것이다.

이미 "어떻게 말해야 할까?"를 고민하기 시작했다면, 그 순간부터 당신은 말하기의 주도권을 되찾은 것이다. 대응 멘트를 실생활에서 활용하며 연습하다 보면, 안정적이고 주도적인 커뮤니케이션 능력을 키울 수 있다.

5
무례한 사람을 단숨에 제압하는 법

무례한 언행에 대응하는 자세

회의에서 무례한 언행을 마주하면 누구나 당황하고 즉시 반응하기 어렵다. 특히 내향적인 직장인에게는 그 순간의 긴장감이 회의 전체에 대한 부담으로 이어질 수 있다. 그러나 무례한 행동은 개인의 문제라기보다 조직 문화, 권력 구조, 커뮤니케이션 능력 부족 등 복합적인 요인에서 비롯된다. 이를 이해하면 대응의 방향을 전략적으로 설정할 수 있다.

회의 중 무례한 구성원의 발생 원인과 관련 사례는 다양한 연구와 서적에서 다루어진다. 공통적으로 권력관계, 심리적 불안, 조직문화 결핍, 커뮤니케이션 미숙 등이 복합적으로 작용한다. 따라서 회의에서 나타나는 불쾌한 언행은 개인감정 차원이 아닌, 리더십과 조직문화 차원의 문제로 접근해야 근본적인 해결이 가능하다.

무례한 사람들의 회의 중 언행에 대응할 때는 단순히 감정적으로 반응하는 것이 아니라, 전략적이고 준비된 대응이 필요하다. 다음은 회의 중 자주 발생하거나 당신이 경험할 수 있는 무례한 언행 유형과, 이에 대한 구체적인 대응 방법이다.

1. 발언 끊기

회의 도중 누군가 끼어들어 흐름을 방해하거나 논점을 흐리는 경우가 있다. 이는 성격이 급하거나 상급자일 때 나타날 수 있다. 처음엔 당황하더라도 정중하게 권한을 회복할 수 있는 멘트를 준비하면 좋다.

- "제가 말하던 부분을 조금 더 이어서 말씀드리겠습니다."
- "말씀 중 죄송하지만, 제가 방금 드린 말씀을 조금 더 설명드리고 싶습니다."

- "잠시만요, 제 의견을 마무리하고 바로 다음 의견을 듣겠습니다."
- "우리 모두 발언 시간을 존중하면 좋겠습니다."

2. 조롱이나 비웃는 반응

다른 사람의 의견을 웃거나 비꼬는 말투로 평가하는 경우가 있다. 이때는 회의와 일상의 경계를 명확히 하고, 서로 존중하는 분위기를 상기시키는 멘트가 도움이 된다. 회의 후 일대일 피드백을 통해 감정을 배제하고 전달하는 것도 효과적이다.

- "제 의견을 표현하는 자리이니, 존중해주시면 감사하겠습니다."
- "제가 드린 아이디어가 완벽하지는 않지만, 충분히 검토할 만한 가치가 있다고 생각합니다."
- "회의 중 그런 반응이 제겐 무시당하는 느낌으로 다가왔습니다. 다음에는 서로의 의견을 존중하며 들어주시면 좋겠습니다."

3. 공개적 질책 또는 인신공격성 피드백

회의 중 특정인을 거칠게 지적하거나 인격을 비하하는 발언이 나올 수 있다. 이런 경우, 감정적 소모를 최소화하고 회의 종료 후 공감 기반의 대화를 시도하는 것이 좋다.

- "비판보다는 해결책 중심으로 의견을 나누면 좋겠습니다."
- "이런 방식은 개선보다는 감정적으로 들릴 수 있을 것 같습니다."
- "지금 이 자리는 서로 다른 관점을 공유하는 자리이니, 다양한 의견을 환영했으면 합니다."
- "저는 이 사안에 대해 조금 다르게 생각합니다. 다른 시각도 한번 고려해 보시면 좋겠습니다."
- "의견 주셔서 감사합니다. 제안해 주신 방식과 제가 생각한 방식을 함께 비교해 보면 좋겠습니다."

4. 지나친 공격성이나 목소리 높임

논쟁 중 감정적으로 격하게 반응하거나 목소리를 높이는 경우, 잠시 쉬는 시간을 요청해 분위기를 환기할 수 있다.

이는 회피가 아닌 구조적 개입으로, 마찰을 최소화하면서 논의를 이어가는 방법이다.

- "잠시만요, 논의가 감정적으로 흐르는 것 같습니다. 잠깐 정리하고 다시 시작하죠."
- "이야기가 조금 격해지는 것 같아요. 잠시 정리하고 다시 논의하면 좋겠습니다."
- "○○○님, 회의가 과열되는 것 같으니 잠시 5분 휴식을 취하고 다시 논의하면 어떨까요?"

5. 소극적 무시 또는 시선 피하기

발표 중 스마트폰을 보거나 시선을 피하며 상대 의견을 무시하는 경우, 부드럽게 주의를 환기할 수 있다. 회의 후 진행자에게 집중력 향상 분위기 조성을 요청하는 것도 좋은 방법이다.

- "제가 말씀드리는 내용이 중요한 부분이니, 함께 주목해 주시면 감사하겠습니다."

6. 공개적으로 몰아세우기

"왜 아무 말도 안 하세요?" 등 공개적으로 몰아세우는 질문은 당황하게 만든다. 이때 사전에 의견을 준비하고 능동적으로 대응하면 회의 주도권을 확보할 수 있다.

- "이 주제에 대해 메모해 두었습니다. 지금 말씀드리겠습니다."
- "추가 내용은 정리해서 서면으로 드려도 될까요?"
- "구체적인 안건을 미리 공유해 주시면 더 잘 준비할 수 있습니다."

무례한 상황에서도 침착하게 대응하는 능력은 내향인의 장점을 극대화한다. 준비된 전략과 정중하면서도 단호한 말은 회의 흐름을 원활히 하고, 감정을 조절하며 신뢰를 쌓는 기반이 된다. 조용하지만 단단한 대응은 불편한 상황을 모면하는 것이 아니라, 조직 내에서 영향력을 키우는 중요한 밑거름이 된다.

[참고문헌]

1. 『Golden: The Power of Silence in a World of Noise』, Justin Zorn & Leigh Marz, Harper Wave, 2022
2. 『실리콘 밸리의 팀장들(Radical Candor)』, 킴 스콧 지음, 박세연 옮김, 청림출판, 2019.
3. 『무례함의 비용(Mastering Civility)』, 크리스틴 포레스 지음, 정태영 옮김, 흐름출판, 2018
4. 『대화의 심리학(Difficult Conversations)』, 더글라스 스톤, 브루스 패튼, 쉴라 힌 지음, 김영신 번역, 21세기북스, 2003

6

피할 수 없다면
독립적인 사람이 되자

스위스 사례로 배우는 '독립성의 원칙'

세계사 속에는 강대국들 틈바구니에서도 흔들리지 않고, 오히려 자신만의 원칙으로 존중받은 나라가 있다. 바로 스위스다. 그들은 거대한 세력의 압박 속에서도 중심을 지키며, 조용하지만 단단한 나라로 세계의 신뢰를 얻었다.

이러한 스위스의 태도는 오늘날 조직 속에서 묵묵히 자기 길을 걷는 내향적인 직장인에게도 깊은 교훈을 준다. 시끄럽지 않아도, 크게 드러나지 않아도 중심이 단단하다면 누구보다 강할 수 있다는 사실이다.

스위스가 강대국 사이에서도 존중받을 수 있었던 이유

는, 그들만의 분명한 원칙과 내면의 힘이 있었기 때문이다. 이는 당신이 조직 속에서 자신의 자리를 지켜내는 과정과 닮아 있다. 외향적인 사람들이 강한 존재감을 드러내는 환경 속에서 조용한 사람은 종종 가려지기 쉽지만, 진정한 힘은 흔들리지 않는 중심에서 나온다.

아래의 세 가지 전략을 통해 내면의 힘을 갖춘 독립적인 구성원으로 성장해 보자.

1. 나만의 '알프스'를 만들자

스위스의 알프스는 그 자체로 천혜의 요새였다. 험준하고 견고하여 외세가 쉽게 넘볼 수 없었다. 당신에게도 '내면의 알프스'가 필요하다. 누구에게도 침범당하지 않을 자기만의 강점과 가치를 지니는 것이다. 화려하거나 크게 드러날 필요는 없다. 중요한 것은 스스로 확신할 수 있어야 한다.

"나는 어떤 상황에서도 흔들리지 않고 중심을 지킬 수 있는가?"

이처럼 자신의 중심을 돌아보는 질문은 명확한 자기 인식으로 이어진다. 스스로 무엇을 중요하게 생각하고, 어디까지 준비되어 있는지를 아는 것은 내향인의 보이지 않는 방어선이자, 직장과 삶에서 흔들리지 않는 힘이 된다.

2. 실력 쌓기: 조용하지만 단단히 준비하라

스위스는 '영세중립국'을 선언했지만, 국방을 소홀히 하지 않았다. 그들의 중립이 존중받을 수 있었던 이유는 실력, 즉 지켜낼 힘이 있었기 때문이다.

내향적인 직장인도 마찬가지다. 큰소리로 자신을 드러내지 않아도 괜찮다. 조용하지만 철저하게 실력을 쌓는 것, 그것이 최고의 목소리다. 사람들은 결국 '준비된 사람'을 신뢰한다. 작은 프로젝트라도 꾸준히 성과를 내고, 그 결과를 자연스럽게 공유하자.

예를 들어, 이메일로 프로젝트의 핵심 인사이트나 결과를 간단히 정리해 전달하는 습관은 매우 유용하다. 구두로만 전달되는 내용은 쉽게 사라지기 때문에, 글로 기록을 남기고 정확하게 전달하는 것이 중요하다.

3. 행동 설정: 다양성을 존중하되, 자신을 잃지 말자

스위스는 네 개의 언어권이 공존하는 나라다. 서로 다른 언어와 문화를 가진 주(州)들이 하나의 연방으로 묶여 있지만, 외부 압력에도 흔들리지 않았다. 그 중심에는 '중립성'이라는 확고한 원칙이 있었다.

내향적인 사람도 이러한 태도를 배워야 한다. 외향적인 동료들이 빠르게 말하고 목소리를 높일 때, 나는 어떤 태도를 취할 것인지를 미리 설정해 두는 것이 중요하다. 때로는 침묵이 더 강력한 메시지가 되기도 하고, 때로는 조용하지만 단호하게 "이 부분은 동의하기 어렵습니다."라고 말해야 할 때도 있다.

"지금 말해야 하는가?", "이 말을 하면 상황이 나아질까?", "침묵이 더 현명할까?"와 같은 질문을 통해 자신의 기준을 세우자. 감정적으로 반응하지 않고 필요한 사실만 짧고 명확하게 전달하는 태도는 목소리의 크기와 상관없이 충분히 의미를 전달한다. 조용하지만 견고한 존재감은 바로 이런 순간에 드러난다.

자신의 방식을 인정받자

스위스는 작고 조용한 나라였지만, 시간이 지나면서 국

제사회에서 신뢰와 존경을 받았다. 내향적인 사람도 마찬가지다. 처음에는 눈에 띄지 않아도, 시간이 지나면 성실함과 준비성이 결국 인정받는다. 가장 중요한 것은 남의 방식에 흔들리지 않고, 자신의 방식을 끝까지 지켜내는 것이다. 때로는 갈등이나 경쟁을 피하면서, 스스로 자생할 수 있는 힘을 기르는 것이 필요하다. 그것이야말로 진정한 독립의 시작이다.

'스위스처럼, 그리고 당신처럼'

조용하지만 단단한 사람, 그것이 바로 진성으로 강한 사람이다.

7
성숙한 직장인의 소통방식

진정한 어른이 없다

 오늘날 조직에는 성과를 내는 리더는 많지만, 진정한 의미의 '성숙한 선배'는 쉽게 보기 어렵다. 연차가 쌓였다고 해서 누구나 존경받는 리더가 되는 것은 아니다. 많은 이들이 경험은 쌓았지만, 말의 온도와 감정을 다루는 능력을 갖춘 사람은 드물다.

 여전히 일부 선배들은 '라떼(나 때는 말이야)'식의 조언을 늘어놓으며 자신의 과거를 강조한다. 그들의 이야기에는 직장 생활에서 얻은 지혜보다 '인정받고 싶다'는 마음이 묻어난다. 후배들은 그 말 뒤의 의도를 이해하기보다 불편함을 먼저 느낀다. 결국 세대 간 대화는 단절되고, 조언은 '간섭'으로 오해받기 쉽다.

단순히 지위가 아니라, 자기 성찰과 타인에 대한 존중, 경험 공유와 응원을 보여주는 진정한 어른은 드물다. 이 문제의 본질은 세대 차이가 아니다. 감정적으로 미성숙한 사람과 성숙한 사람의 차이에서 비롯된다. 자신의 감정과 생각을 성찰하며 타인과 소통할 줄 아는 사람, 즉 '성숙한 직장인'이 점점 사라지고 있는 것이다.

인정욕구가 강한 상사들의 심리

조직에서 리더의 자리에 오를수록 '인정받고 싶다'는 욕구는 더욱 커진다. 직급이 높아질수록 칭찬받을 기회는 줄고, 책임과 외로움은 깊어진다. 일부 리더는 이를 견디기 어려워하며, 자신을 증명하기 위해 과도하게 감정을 드러내거나 부하직원을 감정의 배출구로 삼기도 한다. 심리학에서는 이런 유형을 '정서적 뱀파이어(emotional vampire)'라고 부른다.

이런 리더는 대화를 통해 관계를 쌓기보다는 자신의 존

재를 강조하기 위해 말을 쏟아낸다. 그러나 이런 방식은 리더십을 강화하지 못하고, 구성원의 에너지를 소모시키고 조직 분위기를 위축시킨다.

진정한 리더는 말의 양으로 존중을 얻지 않는다. 말의 방향이 곧 리더십의 품격이다. 감정을 다스리고 자신을 돌아보며, 상대의 입장에서 생각하고 말하는 리더는 구성원에게 깊은 신뢰를 쌓는다.

절제와 성찰이 만드는 진정한 리더십

진정한 리더십은 카리스마에서 나오는 것이 아니라, 감정의 절제와 자기성찰에서 비롯된다. 내향적인 리더는 이러한 부분에서 특히 강점을 가진다. 그들은 즉각적으로 반응하기보다 한 발짝 물러서서 상황을 관찰하고, 한 번 더 생각하며 한 번 더 듣는다.

이런 태도는 조직에 안정감을 주며, 말보다 강한 신뢰를 남긴다. 내향형 리더는 말수가 적더라도, '진정성 있는 한 문장'으로 팀을 움직일 수 있다.

예를 들어, 누군가 의견을 제시했을 때 이렇게 말할 수 있다.

"그 부분을 조금 더 자세히 설명해 주시겠어요?"

이 한 문장은 상대의 생각을 존중하면서도 문제 해결의 여지를 열어준다. 결국 구성원들은 큰소리로 지시하는 리더보다, 조용히 일관된 행동으로 신뢰를 쌓는 사람을 따른다. 감정을 절제하고 공정한 원칙을 지키는 태도야말로, 구성원들에게 '품격 있는 리더'로 기억되는 비결이다.

성숙한 소통이 주는 영향력

리더가 성숙해야 구성원도 건강하게 조직 내 소통을 할 수 있다. 하지만 내향형 직장인 역시 자신의 역할에서 성숙한 태도와 대응이 필요하다.

내향형 구성원은 말수가 적다는 이유로 오해받기 쉽지만, 진정한 소통은 '많이 말하는 것'이 아니라 깊이 듣는 것에서 시작된다. 경청을 통해 상대의 진짜 의도를 읽어내고, 감정적 반응 대신 이성적 대응을 선택한다.

예를 들어, 상사의 말투가 날카롭더라도 곧바로 반응하

지 않고 잠시 호흡을 고른 뒤,

"이 부분은 이렇게 보완해 보겠습니다."

라고 답한다. 이 짧은 한 문장이 갈등을 줄이고, 리더에게 신뢰를 심어준다.

성숙한 내향형 구성원은 감정을 억누르는 것이 아니라 관리할 줄 안다. 감정은 부정의 대상이 아니라, 관계를 이해하고 대응 전략을 세우는 신호다. 그들은 대화의 목적을 '설득'이 아니라 '이해'에 둔다. 이러한 대응력은 조직 내에서 조용하지만 강한 영향력을 만들어낸다.

존경은 지위가 아니라 태도에서 온다

존경은 명함이나 직함에서 오는 것이 아니라, 태도의 일관성에서 비롯된다. 내향형 리더의 차분함과 절제된 언어는 조직에 안정감을 제공한다. 그들의 말에는 '나'보다 '우리'가 담겨 있고, 행동에는 과시보다 배려의 무게가 실려 있다.

조직을 움직이는 것은 결국 감정적으로 성숙한 사람이다. 소리를 높이지 않아도 중심을 잡는 사람, 말보다 태도로 신뢰를 주는 사람, 바로 그런 사람이 '성숙한 리더'다.

   성공하는 내향 직장인은 회사에 종속되지 않는다. 그들은 소통과 대응을 통해 자신만의 균형을 지키며, 조용하지만 단단하게 자신의 길을 만들어간다. 그 길의 끝에는 성과보다 깊은 존경과 신뢰가 기다리고 있다.

7장

영업직을 위한 대인관계 관리 기술

1
내향인도 영업을
잘할 수 있을까?

내향인도 영업에서 성과를 낼 수 있다

 직장인의 성공 방식은 각자의 성향과 맡은 역할에 따라 다르다. 내향인이라고 해서 모든 직무에서 외향인처럼 활발하게 말하고 사람을 이끌어야 하는 것은 아니다. 이 장에서는 그중에서도 영업 분야에 초점을 맞추어 이야기하려고 한다. 영업은 매출이라는 구체적인 성과로 결과가 명확하게 드러나는 영역이다. 따라서 내향인도 자신의 장점을 살려 충분히 성과를 낼 수 있으며, 전략적으로 접근하면 꾸준히 성장할 수 있다.

 영업에서는 흔히 "외향적인 사람이 더 적합하다"는 편견이 존재한다. 사람을 잘 만나고, 말솜씨가 좋으며, 거절에도 끄떡없는 사람이 유리하다는 생각 때문이다. 하지만 시대가 변했다. 고객의 요구와 구매 방식이 다양해지고, 영업 방식도 점점 정교해졌다. 이제 영업은 단순히 많이 말하고 설득하는 능력이 아니라, 고객의 숨은 니즈를 읽고 해결책을 제시하는 능력, 즉 관찰력과 진정성, 신뢰를 바탕으로 한 관계 구축이 핵심이 되었다.

이 장에서는 내향인이 가진 조용하지만 강한 강점을 활용해 영업에서 성과를 내는 방법을 살펴본다. 필자의 경험과 마이클 달튼 존슨(Micheal Dalton Johnson)의 『영업의 고수는 어떻게 탄생되는가(Top Dog Sales Secrets)』를 바탕으로, 내향인도 영업에서 뛰어난 성과를 낼 수 있는 핵심 원칙과 전략을 정리했다. 요약하면 "듣고, 준비하고, 신뢰를 쌓고, 공감하며, 자신의 에너지를 관리하라"로 압축된다.

성과 내는 영업인의 5가지 원칙

1. 듣는 힘을 극대화하라

말하는 영업보다 듣는 영업이 강하다. 고객이 충분히 말할 시간을 주고, 그 속에 숨은 욕구를 찾아내라. 이상적인 대화 비율은 고객 70%, 나 30%다. 고객이 속마음을 드러낼 수 있도록 귀 기울이면, 문제의 핵심과 해결 방향이 자연스럽게 보인다.

내향인은 경청과 관찰에서 큰 강점을 갖는다. 말보다 행동으로 신뢰를 쌓는 힘이 바로 여기서 나온다.

2. 철저히 준비하고 정보로 설득하라

감정에 의존하기보다, 사실과 근거를 기반으로 설득하라. 고객의 조직 구조, 과거 구매 이력, 주요 과제를 미리 분석하고, 경쟁사 대비 강점을 시각화한 자료로 보여주는 것이 좋다. 미팅 전 요약 문서를 공유하면 고객이 내용을 미리 이해할 수 있어 신뢰가 자연스럽게 쌓인다.

정보력과 준비력은 내향인이 만들 수 있는 최고의 신뢰 자산이다.

3. 신뢰 중심의 장기 관계를 설계하라

조급하게 단기 성과에 매달리지 말고, 장기적 파트너십 관점에서 고객과의 관계를 설계하라. 작은 약속도 반드시 지키고, 미팅 후 요약 이메일을 보내는 습관은 일관성과 책임감을 보여준다. 고객을 단순한 '수익 창출 대상'이 아닌 '문제 해결의 동반자'로 바라보는 태도가 핵심이다.

행동으로 보여주는 신뢰는 말보다 강력하다.

4. 공감과 세심함으로 관계를 강화하라

공감은 말보다 행동으로 전달될 때 힘이 생긴다. 고객이 언급한 관심사나 고민을 메모하고, 다음 미팅에서 자연스럽게 언급하라. 그들의 리스크를 대신 고려해 주는 것도 공감의 표현이다. 이런 세심함이 쌓이면 고객은 '이 사람은 나를 이해하는 파트너'라는 확신을 갖는다.

내향인의 장점은 작은 디테일을 놓치지 않고 상대를 배려하는 데 있다.

5. 자신만의 리듬으로 에너지를 관리하라

영업 성과를 꾸준히 유지하려면 에너지 관리가 핵심이다. 하루 중 집중력이 높은 시간대에 중요한 미팅을 배치하고, 외부 활동 후에는 반드시 회복 시간을 확보하라. 자신의 리듬을 이해하고 지키는 것이 꾸준한 성과를 만드는 기반이 된다.

내향인은 속도보다 깊이, 양보다 질에서 강점을 발휘한다. 자신의 페이스를 지키는 것이 장기적인 성공으로 이어진다.

결론적으로, 내향인도 충분히 '영업의 고수'가 될 수 있다. 마이클 달튼 존슨은 이렇게 말한다.

"영업의 고수는 성격으로 태어나는 것이 아니라, 훈련된 관찰력과 일관된 실행에서 만들어진다."

내향인은 고객을 더 깊이 관찰하고, 더 진정성 있게 대응할 수 있다. 이 원칙과 전략을 꾸준히 실천한다면, 조용하지만 강한 영업인으로 성장할 수 있다.

2
현실은 실전이다

드라마 속 주인공 vs 현실의 나

드라마 속 주인공의 삶은 언제나 다이내믹하다. 회의실에서 멋지게 프레젠테이션을 마친 뒤, 고객과의 계약이 성사되고, 웃으며 악수한다. 때로는 자신을 모함하던 상사나 동료를 한마디로 제압하며 모든 갈증이 시원하게 해소된다. 그 장면을 보며 우리는 잠시 대리만족을 느낀다.

하지만 리모컨을 내려놓고 현실로 돌아오면 이야기는 달라진다. 실제 업무는 복잡하고, 해결책을 찾는 과정은 멀게만 느껴진다. 내일 있을 프레젠테이션을 앞두고 머릿속에서 시뮬레이션을 열 번, 구두 연습을 다섯 번 하면 이미 기운이 빠진다. 드라마 속 주인공은 한순간의 말솜씨로 좌중을 휘어잡지만, 현실의 우리는 그 '한순간'을 만들기 위해 며칠, 아니 몇 주에 걸쳐 자료를 준비하고, 이메일을 고치며, 고요한 새벽에 다시 한번 점검한다.

혹시 그런 주인공이 부럽게 느껴지는가? 하지만 그들의 대사는 작가의 오랜 고민과 배우의 연기로 완성된 결과물이다. 이 사실을 떠올리면, 지금의 나 역시 충분히 잘하고 있다는 마음의 여유를 가질 수 있다.

준비된 사람은 실전에 강하다

사무실에 들어서는 순간부터 이미 하루는 실전이다. 계약서 마감, 고객 피드백, 갑작스러운 일정 변경, 내부 보고… 특히 영업직 내향인에게 이런 하루는 작은 위기의 연속이다. 필자의 상사는 이를 농담 삼아 '원데이 쓰리 프로블럼(One Day Three Problems)'이라 불렀다. 하루에 세 가지 문제는 기본으로 발생한다는 의미다.

현장에서 즉흥적으로 말도 잘하고, 상황에 따라 유연하게 대응하는 사람은 늘 부럽다. '어떻게 저런 말을 저렇게 자연스럽게 할 수 있을까?' 그들처럼 따라 해보지만, 돌아오는 고객의 반응이 차갑게 느껴지면 금세 자신감을 잃는다.

이때 내향인은 스스로에게 묻는다.

"내가 이렇게 지치는 건 내 성향 때문일까?"

"내향적인 성향 때문에 일을 잘 해낼 수 없는 것은 아닐까?"

하지만 문제는 성향이 내향적이기 때문이 아니다. 진짜 문제는, 그 성향에 맞지 않는 방식으로 일하려 했기 때문이다.

내향 직장인도 영업에서 충분히 성공할 수 있다. 단, 드라마 같은 극적인 전개가 아니라 현실에 맞는 나만의 방식으로 성과를 만들어가는 전략이 필요하다.

실전은 냉정하지만, 동시에 가장 정직하다. 행동한 사람에게만 기회가 온다. 그리고 그 행동이 꼭 외향적일 필요는 없다. 내향인은 다음 세 가지 무기를 가질 수 있다.

- 철저히 분석하고 준비하는 능력
- 고객의 요구를 조용히 파악하는 관찰력
- 꾸준하게 신뢰를 쌓아가는 성실함

이 세 가지를 조합하면 말보다 강한 설득이 가능하다. 예측할 수 없는 현실 속에서도, 준비된 사람은 조용히 결과를 만들어낸다.

'나만의 성공 전략'이 필요하다

다음 파트에서는 내향 직장인을 위한 구체적인 영업 전략을 소개한다. 아침형 루틴이 영업 성과로 이어진 이유, 감정 소모 속에서도 꾸준히 버틸 수 있었던 하루의 전략, 고객과의 대화 중 어색한 정적을 다루는 방법, 그리고 꾸준한 팔로우업으로 만들어낸 실적 사례들이 포함된다.

말수가 적고 언변이 화려하지 않아도, 성실함과 분석력, 신뢰 구축으로 충분히 성과를 낼 수 있다. 드라마 속 주인공이 아니어도 괜찮다. 현실 속에서 신뢰받는 내향 영업인, 그 조용하지만 강한 성공 전략을 지금부터 함께 만들어보자.

3
일찍 준비하는 사람이 매출을 달성한다

아침 시간은 '소리없는 전쟁터'

내향적인 직원에게 영업은 쉽지 않은 직무로 여겨진다. 다양한 고객을 만나고, 예측하기 어려운 반응을 받아들이며, 스스로를 끊임없이 노출해야 하는 일이기 때문이다. 그러나 이러한 환경조차 자연스럽게 받아들이고 전략적으로 활용할 수 있다면, 내향인도 충분히 눈에 띄는 매출 성장과 성취감을 얻을 수 있다.

필자 역시 하루를 오전, 정오, 오후, 저녁으로 나누어 돌아보며, 가장 효율적으로 성과를 낸 시간대를 분석해 보았다. 그 결과, 영업 성과를 좌우하는 황금 시간대는 바로 아침이었다. 내향적인 영업사원이 임팩트를 낼 수 있는 시간, 그것이 바로 아침이다.

아침은 단순히 하루를 시작하는 시간이 아니다. 성과를 결정짓는 가장 전략적인 시간이다. 연구에 따르면 사람의 두뇌는 아침 시간대에 인지력, 분석력, 감정 통제력이 가장 높은 상태에 있다. 중요한 결정을 내리거나 정교한 정보 처리가 필요한 업무를 이 시간대에 수행할 때 효율성이 높다는 연구 결과도 꾸준히 보고된다.

일부 기업의 CRM 분석에 따르면, 오전 7~10시 미팅을 통한 계약 성공률은 오후 시간대보다 약 두 배 높았으며, 후속 계약 전환율 역시 두 배 이상 높았다. 또한 1975년 사이먼 폴카드(Simon Folkard)의 연구를 시작으로, 여러 뇌과학 연구에서 일관되게 아침 시간대가 논리적 사고와 정확도 면에서 우위에 있다는 사실이 입증되었다.

그렇다면 이 시간, 고객과 경쟁사는 어떻게 움직일까? 그 흐름을 이해하면 아침 시간의 가치를 더욱 실감할 수 있다.

고객의 하루를 먼저 이해하라

병원, 제조업, 전문직 종사자 등 많은 고객은 대개 오전 7~8시에 출근해 시술, 외래, 회의 등으로 하루를 시작한다. 이 시간대는 외부 방해 요소가 적고, 감정적으로도 안정된 상태이기 때문에 외부 제안에 귀 기울일 여유가 있다. 내향적인 영업 사원은 이 시간을 전략적으로 활용할 수 있다. 하루를 시작하는 고객의 일과 속에 자연스럽게 녹아드는 것이 바로 내향 영업인이 발휘할 수 있는 장점이다.

또한, 고객이 이미 새벽부터 업무를 시작한 경우, 영업 사원이 미리 도착해 준비한다면 그 짧은 '여유의 시간'이 곧 신뢰로 연결될 수 있다. 반대로 오후 늦은 시간에 고객을 만날 경우, 이미 여러 업무로 피로가 누적되어 집중력과 에너지가 떨어지기 쉽다. 따라서 '언제 만나느냐'는 '무엇을 말하느냐'만큼이나 중요하다.

경쟁사보다 한발 앞서라

경쟁사는 이미 아침 일찍 움직이고 있을지도 모른다. 당신이 모르는 사이, 새로운 거래처를 확보하기 위해 고객과 미팅을 하거나 특별한 제안을 진행하고 있을 수 있다. 이런 활동이 눈에 보이지 않으면, 결국 '매출을 빼앗겼다'는 결과만 마주하게 된다. 반대로, 당신이 경쟁사보다 먼저 움직인다면 고객의 하루 속에 가장 먼저 등장하는 파트너가 될 수 있다. 이는 단순한 타이밍의 문제가 아니라, 고객의 마음속에 신뢰를 쌓는 과정이기도 하다.

필자 역시 실제로, 경쟁사가 활동을 시작하기 전 하루를 일찍 열고 준비하는 습관을 통해 고객과의 신뢰를 공고히 하고 꾸준한 성과를 만들어낼 수 있었다. 고객의 하루 속에 가장 먼저 자리 잡는 사람, 바로 그가 매출을 만드는 사람이다. 조용하지만 꾸준하게—내향인의 영업 전략은 아침에서 시작된다.

미팅 당일에는 점검 중심으로 일하라

내향적인 영업 직원은 즉흥적인 대응보다, 사전에 준비하고 시뮬레이션한 경험 속에서 안정감을 느낀다. 따라서 실전 당일에는 새로운 시도를 하기보다는 아침 시간을 활용해 전략을 점검하고 하루의 흐름을 조율하는 것이 효과적이다.

고객과의 미팅을 앞두고는 상황별 대화 시나리오를 미리 작성하고, 예상 질문에 대한 답변을 준비해 보자. 이러한 사전 준비는 말문이 막히는 상황을 예방하고, 고객에게 신뢰를 주는 전문성을 만들어 준다.

또한, 가장 중요한 업무부터 아침에 처리하고, 머릿속 생각을 글로 정리해 시각화하는 습관을 들이자. 한 번에 한 가지 일에 몰입할 수 있도록 업무 패턴을 최적화하면 불필요한 에너지 소모를 줄일 수 있다. 아침 시간은 길게 쓰기보다는, 짧고 집중력 있는 점검의 시간으로 설계하는 것이 가장 좋다.

결국, 아침에 먼저 움직이는 사람이 고객의 하루를 선점한다. 조용하지만 침착한 준비성은 경쟁자가 쉽게 따라올 수 없는 강력한 무기다. 단 30분만 일찍 일어나 고객을 위한 전략을 점검해 보자. 반복되는 아침 루틴 속에서 정리한 고객 데이터, 간결한 브리핑, 타이밍에 맞춘 한 줄의 메시지는 결국 고객의 선택을 바꾸고, 매출이라는 결과로 이어질 것이다.

[참고문헌]

1. 「Sharper in the morning: Cognitive time of day effects revealed with high-frequency smartphone testing」, Hannah Wilks, Andrew J Aschenbrenner, Brian A Gordon, David A Balota, Anne M Fagan, Erik Musiek, Joyce Balls-Berry, Tammie L S Benzinger, Carlos Cruchaga, John C Morris, Jason Hassenstab, 2021

2. 「The Cortisol Awakening Response: Regulation and Functional Significance」, Tobias Stalder, Henrik Oster, James L. Abelson, Katharina Huthsteiner, Tim Klucken, Angela Clow, 2024

3. 「Decision Fatigue, Choosing for Others, and Self-Construal」, Evan Polman, Kathleen D. Vohs, 2016

4. 「Morning exercise improves cognitive performance decrements induced by partial sleep deprivation in elite athletes」Taheri, M., & Irandoust, K., 2020

4
감정도 체력의 영역이다

주말에도 마음이 쉬지 못할 때

김 대리는 내향적인 성격의 영업 담당자다. 이번 주 내내 고객 대응, 상사의 피드백, 목표 미달성에 대한 압박 속에서도 묵묵히 버텨왔다. 주말에는 혼자만의 시간을 가지며 재충전할 생각이었다. 그런데 금요일 오후, 동료가 무심히 던진 한마디가 그의 기운을 한순간에 꺾었.

"그 업무, 김 대리가 맡았잖아요? 아까 김 대리 쪽에서 실수가 있었다고 들었는데…."

겉으로는 아무렇지 않은 척했지만, 속에서는 무너졌다. 집중력이 흐트러지고, 문서 하나조차 손에 잡히지 않았다.

'내가 실수했을지도 모른다'는 생각이 머릿속을 맴돌았다. 부정적인 감정이 솟구치며, 모든 시선이 자신을 비난하는 듯 느껴졌다. 감정의 여유가 완전히 사라진 순간이었다.

그날 저녁, 그는 집에 돌아와 조용히 누워 있었지만, 몸은 쉬어도 마음은 쉬지 못했다.

"정말 내가 잘못한 걸까?"

그 생각이 꼬리를 물며 주말 내내 정신적인 탈진 상태로 이어졌다.

혹시 이런 경험이 낯설지 않은가?

이런 상황이라면 김 대리는 주말에도 제대로 회복하기 어렵다. 내향적인 사람일수록 문제를 해결하지 못한 채 생각의 고리를 끊지 못해 더 깊이 빠져들기 쉽다. 이런 상태가 장기화되면 단순한 피로를 넘어 건강에도 영향을 미친다.

특히 시간이 흐르고 체력이 예전 같지 않을수록, 누구에게나 찾아올 수 있는 현실적인 문제다. 그렇다면 감정 소모를 줄이고 에너지를 회복하기 위해서는 어떻게 해야 할까?

감정 소모를 막기 위한 준비 사항

내향적인 영업인의 하루는 예측하기 어렵다. 그날 얼마나 체력과 감정이 소진될지 가늠하기 힘들다. 특히 내향적인 사람은 하루 동안 쌓인 피로를 제대로 해소하지 않으면, 다음 날 업무 효율에도 바로 영향을 받는다. 갈등을 피하며 조용히 일했더라도, 하루가 끝나면 눈에 보이지 않는 '감정적 피로'를 크게 느끼게 된다.

왜 그럴까?

그들은 겉으로는 표현하지 않지만, 대화 한마디, 고객의 반응, 상사의 말투, 하루 동안의 업무를 돌아보는 과정 속에서 끊임없이 감정을 소비한다. 문제는 이 감정적 피로가 단순히 마음의 문제로 그치지 않는다는 점이다. 체력 저하, 수면 질 저하, 만성 피로로 이어지며, 결국 업무 집중력에도 영향을 준다.

"오늘 특별한 일도 없었는데 왜 이렇게 힘이 빠질까?"

이런 느낌이 든다면, 이미 감정 소모가 체력을 갉아먹고 있는 신호다. 따라서 감정 관리는 체력 관리와 함께 이루어져야 한다. 건강한 몸은 감정 회복 속도를 높이고, 부정적인 생각의 반복을 막아준다. 결국, 감정 회복력은 체력이라는 기반 위에서 강화된다.

체력이 약하면 감정 필터도 약해진다

내향적인 직장인은 감정을 밖으로 표출하기보다 스스로 삼키고 소화하려는 경향이 강하다. 겉으로는 차분하고 안정적으로 보이지만, 업무의 압박과 대인 스트레스가 쌓이면 어느 순간 감정이 한꺼번에 무너질 수 있다.

이런 신호를 스스로 알아차리는 것이 무엇보다 중요하다. 업무 피로와 감정 소진이 누적된 상태에서 체력까지 떨어지면, 감정 필터, 즉 인지 조절력이 약해진다. 그 결과, 사소한 말에도 예민하게 반응하거나 이유 없이 무기력감을 느끼게 된다.

특히 당신은 감정을 말로 풀지 않기 때문에, 신체적 피로가 쌓이면 감정이 무의식적으로 폭발하거나 반대로 극도로 가라앉는 경우도 생긴다. 따라서 중요한 것은 지금 내 상태를 정확히 알아차리는 것과 스스로를 돌볼 회복 루틴을 갖추는 것이다.

"지쳤다는 사실을 모르는 것이 가장 위험하다."
"쉬어야 할 때를 아는 것도 중요한 능력이다."
"지금은 잠시 멈출 때다."

이 한마디를 스스로에게 건넬 수 있다면, 내일의 당신은 다시 단단하게 일어설 수 있다.

필자 역시 비슷한 경험이 있었다. 업무 피로가 누적되면, 일과 관련된 사소한 일조차 부정적으로 느껴지곤 했다. 이럴 때는 무엇보다 "지금 내 컨디션이 어떤가"를 의식하는 것이 중요하다. 피로로 인한 오해나 감정적 반응을 줄이려면, 상사에게 간단히 보고하고 일찍 퇴근해 조용히 회복하는 것도 좋은 방법이다.

결국 감정 소모를 줄이고 에너지를 회복하려면, 앞서 3장에서 설명한 활력자본 관리를 실천하는 것이 핵심이다. 체력과 정신적 여유, 감정적 에너지를 점검하고 부족한 부분을 채우는 작은 습관부터 시작하라. 하루를 시작하고 마무리할 때 스스로를 돌아보며 회복 시간을 확보하는 것만으로도, 내향 직장인은 안정적이고 지속적인 업무 수행이 가능하다. 활력자본을 우선적으로 관리하는 습관이 바로 내향 직장인의 현실적이고 효과적인 회복 전략이다.

5
말보다 침묵이 강한 이유

고객이 느끼는 침묵의 진짜 의미

내향적인 직장인은 본래 말수가 적고, 상대의 이야기를 깊이 듣는 성향이 강하다. 영업 미팅에서는 이런 특성이 종종 '대화가 잠시 끊긴 순간'으로 드러난다. 특히 처음 만나는 고객과의 자리에서, 질문에 바로 답하지 못하거나 화제가 잠시 끊기는 침묵은 내향인에게 어색하고 불안하게 느껴지기 쉽다.

그러나 이 침묵이 반드시 부정적인 신호는 아니다. 『하버드비즈니스리뷰(HBR)』에 따르면 협상이나 미팅에서의 침묵은 상대가 제안을 분석하고 결정을 준비하는 과정이다.

심리학자 데보라 태넌(Deborah Tannen)은 침묵이 문화와 맥락에 따라 다르게 해석된다고 지적한다. 동아시아권에서는 침묵을 배려와 존중의 표시로 여기고, 서양에서는 '생각할 시간'으로 인정한다.

많은 내향인은 침묵을 '대화 단절'로 받아들이지만, 실제로 고객은 다음과 같은 긍정적 의미로 받아들일 수 있다.

1. 생각할 여유를 준다.
2. 고객은 제안 내용을 자신의 상황에 맞게 적용하며 판단할 시간을 갖는다.
3. 존중받고 있다는 느낌을 준다.
4. 차분함과 진정성을 통해 고객의 신뢰를 얻을 수 있다.
5. 고객이 주도권을 가질 수 있다.
6. 침묵은 고객이 자신의 이야기를 이어갈 기회를 제공한다.

즉, 내향인이 느끼는 어색한 침묵은 고객에게 '신뢰와 사고의 공간'을 제공하는 시간이다. 성공적인 미팅의 핵심은 말을 많이 하는 것이 아니라, 고객의 문제를 충분히 이해하고 해결하는 데 있다.

침묵을 기회로 바꾸는 실전 전략

내향인이 침묵을 활용해 대화를 자연스럽게 이어가는 방법은 다음과 같다.

1. 경청 후 요약하기
    고객의 말을 다시 정리해 주는 한 문장은 대화의 흐름을 이어주는 힘이 된다.
2. 질문으로 확장하기
    "이 부분에 대해 조금 더 자세히 말씀해 주실 수 있을까요?"와 같은 개방형 질문으로 자연스럽게 대화를 이어간다.
3. 짧은 사례 공유하기
    침묵 후, 미리 준비한 고객 성공 사례를 언급하면 대화가 매끄럽게 진행된다.

예를 들어, 고객이 제품의 단점을 언급했을 때 바로 반박하기보다는 잠시 멈추고 이렇게 말할 수 있다.

"많은 고객이 고민하시는 부분입니다. 그래서 저희가 준비한 솔루션이 있습니다."

이 한마디는 즉흥적인 반응보다 훨씬 큰 설득력을 갖는다. 침묵은 차분한 리더십과 신뢰를 보여주는 기회가 된다.

실제 사례도 있다. 한 내향적 영업 담당자는 병원 고객과 첫 미팅에서 자료 설명 후 고객이 잠시 침묵하자 불안해했다. 그러나 성급하게 말을 덧붙이지 않고 기다렸다. 잠시 후, 고객이 말했다.

"말씀하신 내용 중 이 부분이 우리 병원 상황과 맞을 것 같습니다. 적용한다면 지원 체계는 어떻게 되나요?"

그 순간부터 대화는 실행 논의로 이어졌다. 만약 그가 불안감에 말을 덧붙였다면, 고객의 사고 흐름은 끊겼을지도 모른다. 이 사례는 침묵이 단순한 '대화의 공백'이 아니라, '결정을 향한 중요한 통로'임을 보여준다.

침묵을 다루는 자기 점검 루틴

- 미팅 전: 예상 질문과 대화 흐름을 준비하고, 침묵이 생길 때 활용할 질문 2~3개를 적어두자.
- 미팅 중: 메모를 통해 대화 흐름을 잡고, 침묵 후 이어갈 포인트를 확보한다.
- 미팅 후: 미처 전달하지 못한 내용은 팔로우업 이메일로 보완한다.

침묵은 당신의 무기다

영업 미팅에서 침묵은 내향인에게 고민거리일 수 있지만, 이제 고객의 침묵은 결정을 향해 나아가는 자연스러운 과정임을 이해해야 한다.

침묵은 고객에게 여유와 존중을 전달하고, 관계의 신뢰를 높인다. 불안감에 서둘러 말을 채우는 순간, 고객의 생각 전개가 방해받고 기회를 놓칠 수 있다. 내향적 영업 사원은 침묵을 견디고, 그 속에서 진정성과 경청으로 신뢰를 쌓을 수 있다.

무엇보다 중요한 것은 마음가짐이다. 내향적인 당신은 이미 '기다림의 힘'을 갖고 있다. 말이 많지 않아도, 침묵 속에서 보여주는 진정성과 집중력이 고객의 마음에 오래 남는다. 이제 침묵을 두려워하지 말고, 그다음 한마디를 준비하라.

"침묵은 미숙함의 결과가 아니라, 성장 과정에서 자연스럽게 마주하는 순간이다."

6
지속적인 검토로 승부하라

승부는 중간에서 결정된다

경기의 승부는 항상 마지막 순간에 결정될까? 꼭 그렇지만은 않다. 동계올림픽에서 대한민국이 전통적으로 강한 쇼트트랙 계주를 떠올려 보자. 결승선을 화려하게 통과하는 마지막 주자에게 모든 시선이 쏟아진다. 하지만 아무리 마지막 주자가 뛰어나더라도, 중간 주자가 리듬을 잃거나 실수하면 팀 전체의 기록과 균형에 영향을 미친다.

물론, 때로는 마지막 주자가 폭발적인 속도로 따라잡아 역전 우승을 거두기도 한다. 그러나 그 또한 중간 구간에서 전략을 조정하고 팀워크를 점검했기에 가능한 일이다. 만약 중간 실수 이후 아무런 조치나 피드백이 없었다면, 마지막 주자의 역전은 결코 이루어질 수 없었을 것이다.

즉, '마지막 스퍼트' 역시 눈에 보이지 않는 지속적인 점검과 보완의 결과물이다. 화려한 마무리 뒤에는 언제나 중간 과정에서의 세심한 관리가 숨겨져 있다.

이처럼 업무에서도 성공적인 결과는 단 한 번의 폭발적인 성과가 아니라, 과정 속에서의 끊임없는 점검과 보완에서 비롯된다. 중간 과정에서의 세밀한 확인과 조정, 그리고 꾸준한 팔로우업(Follow-up)이 결국 큰 성공으로 이어지는 것이다.

우리가 직장에서 수행하는 업무가 언제나 화려한 마무리를 담당하는 것은 아니다. 때로는 경기의 흐름을 이어가는 중간 주자처럼, 프로젝트의 맥을 놓치지 않고 연결하는 일이 더 중요하다. 조용하지만 끈질기게 이어가는 팔로우업이야말로 조직의 성과를 완성하는 숨은 힘이다.

팔로우업(Follow up)의 힘

팔로우업(Follow-up)의 사전적 정의는 사건, 약속, 대화 이후에 후속 조치를 취하는 것을 의미한다. 주로 비즈니스, 마케팅, 의료 등 다양한 분야에서 고객의 피드백을 확인하거나 약속 이행 여부를 점검할 때 활용된다.

업무에서 성과를 내기 위해서는 반드시 '팔로우업'이 필요하다. 팔로우업은 표면적인 확인 과정이 아니라, 일을 끝까지 책임지고 완결하는 과정이다. 훌륭한 기획과 창의적인 아이디어가 있더라도, 실행 후 중간 점검과 마무리 관리가 없으면 그 일은 완성되지 않는다. 즉, 기획은 시작일 뿐이며, 팔로우업이 있어야 비로소 성과로 이어진다.

기획 단계에서 방향을 정했더라도, 업무가 진행되는 중간에는 상황 변화에 맞춰 유연하게 조정할 필요가 있다. 이때 면밀하고 정확한 피드백이 있다면, 방향을 적시에 수정하고 효율을 극대화할 수 있다. 올바른 팔로우업은 때로 기획 단계에서 내렸던 결론조차 바꾸는 힘을 가진다.

엘리 골드렛의 『과연 열심히만 하면 성공할까?(The

Goal)』에서는 한 공장장이 처음에는 생산량 증대와 원가 절감을 목표로 세운 내용이 나온다. 그러나 중간 검토를 진행하면서 실제 문제의 원인이 병목 설비에 있음을 발견했고, 결과적으로 그는 목표 달성 전략을 재조정하고 작업 흐름을 다시 설계했다.

이 사례는 팔로우업이 단순한 '확인'이 아니라, 목표 달성을 위한 방향 수정 도구이자 전략적 검토 과정임을 잘 보여준다. 결국 지속적인 팔로우업은 결과를 바꾸는 결정적 변수다.

내향인의 팔로우업 전략

내향적인 직원은 흔히 조용하고 소극적이라고 평가받는다. 그러나 팔로우업 영역에서는 오히려 강점을 발휘할 수 있다. 그 이유는 다음과 같다.

- 차분한 집중력: 외부 자극에 흔들리지 않고, 논리적으로 끝까지 업무를 밀고 나가는 힘
- 세심함: 작은 디테일까지 꼼꼼히 기록하고 점검하는 습관

- 책임감: "말보다 행동"을 중시하며, 약속을 반드시 지키려는 태도
- 끈기: 결과가 나올 때까지 묵묵히 과정을 견디는 인내

  이러한 내향인의 특성은 팔로우업이 요구하는 정확성과 지속성을 완벽하게 뒷받침한다.

  꾸준한 팔로우업이 만들어내는 성과는 크게 2가지로 정리할 수 있다.

1. 신뢰와 존재감 확보

   팔로우업을 지속적으로 수행하는 사람은 '끝까지 해내는 사람'으로 기억된다. 상사에게는 "믿고 맡길 수 있는 직원", 동료에게는 "체계적으로 협력하는 파트너", 고객에게는 "약속을 반드시 지키는 사람"이라는 인상을 남긴다. 눈에 잘 띄지 않지만, 팔로우업은 직장 내 신뢰와 평판을 결정짓는 핵심 경쟁력이 된다. 말보다 행동으로 보여주는 사람이 곧 '결과로 말하는 사람'이다.

2. 리더십의 초석 마련

   팔로우업은 단순한 꼼꼼함이 아니라, 관리 능력의 출발

점이 된다. 진행 과정을 지속적으로 점검하며 전체 흐름을 읽는 습관은 자연스럽게 리더십으로 이어진다. 업무의 시작부터 마무리까지 필요한 요소를 파악하고 조율할 줄 아는 사람은, 결국 조직의 중심에서 신뢰받는 리더로 성장할 수 있다.

내향 직장인은 자신의 성향을 억누르기보다, 조용하지만 체계적인 방식으로 팔로우업을 실천할 수 있다. 아래 5가지 전략을 참고해 보자.

- 기록 습관화: 업무 진척도를 메모, 엑셀, 또는 업무 관리 툴을 활용해 체계적으로 관리한다.
- 적절한 타이밍: 리마인더 이메일(Gentle reminder) 등 부드러운 표현으로 확인하며, 상대에게 부담을 주지 않는다.
- 중간 공유: 완성되지 않은 결과라도 진행 상황을 주기적으로 공유해 신뢰를 유지한다.
- 사실 기반 보고: 감정에 의존하지 않고, 데이터와 사실 중심으로 소통한다.

- 작은 약속부터 실천: 작은 성실함이 쌓이면 큰 신뢰로 이어진다는 점을 기억한다.

당신을 지탱하는 '흔들림 없는 힘'

팔로우업은 때로 번거롭고 지루하게 느껴질 수 있다. 그러나 내향형 직장인에게는 천천히, 꾸준히 쌓아 올리는 과정이 오히려 잘 맞는다. 팔로우업은 단순한 업무 관리가 아니라, 약속을 지키는 사람이라는 평판을 만들어주는 과정이다. 시간이 지날수록 그 평판은 더 큰 기회와 성과로 돌아온다.

내향형 직장인은 화려하지 않더라도, 끝까지 책임지는 꾸준함으로 주변을 감동시킨다. 한 번의 큰 발표보다, 수십 번의 작은 팔로우업이 더 큰 신뢰를 만든다. 조용한 성향은 약점이 아니라, 흔들림 없는 힘이다.

오늘도 차분히, 그러나 끈질기게 팔로우업을 이어가자. 그 과정이 결국 당신을 성공으로 이끌 것이다.

기억하라. 당신은 순간의 불꽃으로 주목받는 사람이 아니다. 꾸준함으로 결정적인 순간을 만들어내는 사람이다.

조용히, 그러나 끝까지 걸어가는 그 힘—바로 그것이 내향형 직장인을 진정한 승리자로 만드는 원동력이다.

에필로그

내향인이었던 아버지의 한마디.

"이렇게는 도저히 가족을 벌어먹이지 못하겠다."

그 말은 어린 시절 내게 깊이 남았다. 박봉의 월급으로는 생활을 유지할 수 없다고 판단한 아버지는, 다니던 회사를 떠나 해외 파견을 자원해 말레이시아와 사우디아라비아로 향하셨다. 70~80년대의 직장인들은 가족을 지키고 현실을 헤쳐 나가기 위해 치열하게 고민했다. 그리고 그 고민은 지금의 우리에게도 이어지고 있다.

월급만으로 집을 사기 어렵고, 인생을 직장에만 올인할 수도 없는 시대. 그렇다면 직장은 단순히 '거쳐 가는 곳'이어야 할까? 이제 나는 이렇게 말하고 싶다.

"직장은 당신이 지속 가능한 성공과 행복을 실험할 수 있는 무대다."

나의 기질을 이해하고, 그것을 강점으로 변화시켜 보자. 내가 떠올린 아이디어가 회사의 결정에 어떻게 기여할 수 있는지 시험해 보자. 사람들과의 관계 속에서도 나를 지키는 소통의 기술을 익혀보자. 그리고 무엇보다, 나 자신의 감정을 소중히 다루는 법을 배워보자. 그 과정에서 느끼는 성취감이, 다음에 무엇을 해야 할지를 자연스럽게 알려줄 것이다. 상처받아도 괜찮다. 그 경험조차 당신을 더 단단하게 만들어가고 있으니까.

이제 오늘 하루를 행복하게 살기 위한 당신만의 활력자본을 찾아보자. 직장에서의 성취, 퇴근 후의 휴식, 육아와 일의 균형, 하루의 작은 만족감—무엇이든 좋다. 당신이 원하는 행복을 위해, 이미 내 안에 존재하는 무한한 자원, 활력자본을 발견해 보자.

그리고 하루를 마무리할 때, 자신에게 소리 내어 격려하라.

"잘했어, 훌륭해, 정말 수고했어."

이렇게 자신을 격려하다 보면, 활력자본은 차곡차곡 쌓이고, 그 에너지는 자신감으로 이어진다. 그 순간, 직장은 단순히 월급을 받는 곳이 아니라, 당신의 가능성을 실험하며 성과를 증명해 가는 무대가 된다.

잊지 말자. 자신만의 방식과 속도로 실력을 증명하는 꾸준함, 그 꾸준함이 당신을 단단하게 만들고, 마침내 누구나 인정하는 사람으로 만들어준다.

당신은 이미 길 위에 있다. 이 책이 그 길을 더 당당하고 자신감 있게 걸어갈 든든한 동반자가 되어주길 바란다.

그리고 이 책의 마지막 장을 덮으며, 주말마다 육아를 마친 뒤 원고를 다듬던 시간들이 떠오른다. 내향적인 시선으로 쓴 글이 보다 객관적으로 세상과 만날 수 있도록, 외향인의 시선으로 조언을 아끼지 않았던 아내에게 진심으로 감사한다. 덕분에 이 책은 한층 더 균형 잡힌 온도를 지닐 수 있었다. 이 책을 끝까지 읽어준 모든 내향인과 외향인 독자들에게 진심 어린 감사의 마음을 전한다.